2024

法考30天快刷黄金考点

三国法
真题名师带练

法律考试中心/组编
杨艳霞/主编
李毅/编写

U0825896

法律出版社
LAW PRESS·CHINA
北京

图书在版编目(CIP)数据

三国法真题名师带练 / 法律考试中心组编 ; 杨艳霞主编 ; 李毅编写. -- 北京 : 法律出版社, 2023
(法考30天快刷黄金考点)
ISBN 978-7-5197-8603-8

Ⅰ. ①三… Ⅱ. ①法… ②杨… ③李… Ⅲ. ①国际法-资格考试-自学参考资料②国际私法-资格考试-自学参考资料③国际经济法-资格考试-自学参考资料 Ⅳ. ①D99

中国国家版本馆CIP数据核字(2023)第231841号

三国法真题名师带练
SANGUOFA ZHENTI MINGSHI DAILIAN

法律考试中心 组编
杨艳霞 主编
李 毅 编写

策划编辑 陈 睿
责任编辑 陈 睿
装帧设计 李 瞻

出版发行 法律出版社
编辑统筹 法律考试·职业教育出版分社
责任校对 李慧艳
责任印制 胡晓雅
经　　销 新华书店

开本 710毫米×1000毫米 1/16
印张 7.5 **字数** 180千
版本 2023年12月第1版
印次 2023年12月第1次印刷
印刷 三河市龙大印装有限公司

地址:北京市丰台区莲花池西里7号(100073)
网址:www.lawpress.com.cn
投稿邮箱:info@lawpress.com.cn
举报盗版邮箱:jbwq@lawpress.com.cn

销售电话:010-83938349
客服电话:010-83938350
咨询电话:010-63939796

书号:ISBN 978-7-5197-8603-8
定价:38.00元

凡购买本社图书,如有印装错误,我社负责退换。电话:010-83938349

刷得快，记得住

摆在各位面前的这套书是我们从司考元年（2001 年）开始不断升级，连续出版的，今年是她的第 24 版。

在法考备考中，真题的重要性不言而喻。统计显示，在每年的考试中，80% 以上的知识与考点都是对之前真题所涉知识与考点的重复考查。在各种法考复习资料中，最贴近下一年真题的是上一年的考题。所以，把握住了这 80%，也就把握住了考试成功的根本。

有考生说："我知道真题很重要，但是太多了，根本看不完；就算囫囵吞枣地看完了，也记不住。"针对考生这个切肤之痛，我们今年对本套书进行了大幅改版。首先，原来的上下两册改成了八个小单本，大家可以随时带着书看。其次，我们精选历年真题，压缩解析。我们今年这套书的写作目标是"刷得快，记得住"。对于考点多次重复的真题，我们不再选入，目前所呈现的都是最具代表性的题目，学会这道题，你就能掌握一类题。在解析中，我们也不再追求以前的"大而全"，而是改为"小而精"。围绕一道题，扎扎实实地把知识点讲清楚，让大家刷一道题等于过了几十道题。

由于法考的客观题不再公布题目，每年"回忆真题"成了一个艰巨的工作。经过多年努力，我们这套书里的法考题已经多于司考题。今年，我们也新增了大量 2023 年回忆版真题。

本套书的编写者都是目前活跃在法考培训中的各科名师。给大家精挑细选的题目，兼顾了数量和质量。刷完这些题，不用花很长的时间，但是能力肯定会有很大的提升，因为读者实际得到的是比这本书的容量多十几倍的知识点和做题量。

祝各位读者在 2024 年的法考中顺利通关！有朝一日春雷动，得会风云上九重！

杨艳霞

前　　言

三国法包括国际法、国际私法和国际经济法，在法律职业资格考试中，国际法在客观题试卷一中考查，国际私法和国际经济法则在客观题试卷二中考查，题型均为选择题。由于三国法的内容比较庞杂，许多同学往往都存在"一听就（觉得）懂，一做题就错"的现象，对相关考点的掌握不够到位且不自知。究其原因，主要就是做题太少，尤其是做真题太少，缺乏有效的检验和强化。从近年来的命题情况看，"重点恒重"是三国法命题的核心特征，很多传统的重要内容在真题中反复出现，只不过是题干中的具体表述或相关案例的主体的称谓稍有差别而已，而各选项所考查的核心考点往往并未出现大的变化。

笔者基于多年从事的三国法学研究和法律职业资格考试三国法教学辅导的经验，通过对历年真题命题风格的归纳总结，精选了有代表性的历年真题，并努力在编写中体现以下特点：

（一）提纲挈领、把握规律。本书除了对国际法、国际私法和国际经济法每门学科总体的命题基本规律和复习技巧进行简要总结和提示之外，还在每章之下，以图示的方式标示相关考点的考查热度，并对该章考点的基本命题规律进行总结，分析历年真题中常见的"命题陷阱"。

（二）题量适中，举一反三。本书在编写过程中兼顾真题的数量和质量，所选取的均为最有代表性的题目，力求使大家学会一道题，掌握一类题。对于考点多次重复的真题，我们不再重复选入，以最大限度地减轻大家参考、使用真题时的负担。

（三）简明扼要、直击考点。以"刷得快，记得住"作为核心目标，在对真题进行解析时，我们也不再追求以前的"大而全"，而是改为"小而精"。围绕一道题，深入浅出地把所涉的考点讲清楚，让大家看一道题等于看几十道题。

在使用方法上，为使复习效果最大化，建议同学们在经过初期对三国法知识的系统学习之后，就开始将历年真题作为练习材料，参考真题解析来发现自己的知识盲点或不足，并在中期复习和考前冲刺时再次以这些内容为重点，进行检验和巩固。

最后，衷心祝愿大家能够借助本书提升成绩，在法考中顺利通关，更上一层楼！

李　毅

目　　录

国　际　法

国 际 私 法

国际经济法

答案及解析

国　际　法

国 际 私 法

国际经济法

国　际　法

关于国际法客观题的考试说明

一、命题基本规律

2016年、2017年,国际法部分考试的题型为客观题,是试卷一考试科目,题量一般占试卷一的10%左右,即有5~7道题,分值为7~11分,占试卷一分值的8%左右,单项选择题的数量基本稳定在3道,多项选择题和不定项选择题的数量为2~4道。

2018年改为国家统一法律职业资格考试后,据考生回忆,客观题考试中,国际法部分的题量同比压缩,分值为4~5分,题型为单项选择题和多项选择题,基本代表了今后一段时期题型分布的特点。

国际法部分涉及的知识点分散,覆盖面极广,几乎章章有题,没有突出的重点。近年来,国际法试题呈现以下特点:(1)题目日渐复杂,基本以案例的形式出现,需要考生认真读题,读懂题目。(2)综合性考查的题目比重加大,在同一道题目中结合考查不同章节的知识点,难度不断增加。例如,国际责任一章往往与国际空间物体损害赔偿、政府行为、引渡与庇护等结合考查;再如,国际法基本原则往往渗透到具体的条约法、外交关系法、和平解决国际争端中考查,有时外交关系法与条约法会一并考查等。(3)对单个知识点的考查深度增加,如对国家的承认与建交的关系等,若考生仅对该知识点有一般性的了解,往往很难得分。(4)与时政结合,如当年发生的重大国际事件涉及的国际法知识或发布的新法规往往成为当年的考点。时政题目近年来占全部国际法试题的30%以上,这成为国际法的一大命题特点。

二、复习技巧

国际法部分主要包括国际法的基本理论、国际法主体、国家责任、国家海洋法、国际空间法、国际环境法、国际法上的居民、外交和领事关系法、条约法以及和平解决国际争端等内容。同其他的部门法相比,国际法最大的特点是没有集中的法律法规可供援引,对考生来说,这部分内容体系庞杂,相对陌生,不易把握,但是在复习中又不可放弃。为了以相对较少的投入换取较高的得分率,考生在复习本部分时要抓住国际法自身的特点,不必盲目背诵大量的国际法公约和法条,尽量通过学习,建立起国际法的学科体系,紧紧围绕基本内容和重点内容,对基本内容加强记忆,对重点内容加强理解。基于这种目的,本部分在编写时特别加大了试题解析部分的比例,通过具体的分析引导考生把握国际法的基本内容和重点内容,以期对考生有所助益。同时,国际法部分在列示已考考点的同时列出了学科体系,以便考生在复习时从整体上来把握。针对国际法考试题目与时政结合紧密的特点,提醒考生关注重要的国际热点事件所涉及的国际法知识点。

对于国际法部分的复习,考生应认真研习历年真题。

第一章　国际法基本理论与国际法主体

名师带练

1　考点考查统计

- 国际法基本理论与国际法主体
  - 国际法的基本原则
  - 国家的管辖权、豁免权 *
  - 国际法上的承认与继承
  - 联合国
    - 联合国大会 *
    - 联合国安理会 *

2　命题基本规律

国际法基本理论主要包括国际法的基本概念与法律渊源、国际法与国内法的关系、国际法的基本原则等内容。本部分命题特点是很少单独考查，未来单独考查可能性低，但是在某些具体问题中会有所体现。国际法基本理论是国际法的难点所在，也是分析具体国际法问题的基础。透彻地理解国际法基本理论，有助于考生理解、记忆国际法其他章节的知识点，以便灵活运用国际法基本知识解答具体问题。

国际法的主体存在特殊性，体现了国际法与国内法的重大区别。国际法主体包括国家、国际组织（主要是指政府间的国际组织）以及某些特定的民族解放组织。本部分的考查方向一般集中在国家的管辖权、国家的承认与继承等。考查方式以综合考查为主，如综合考查国际法上明示承认和默示承认的表现形式、新国家的承认和新政府的承认的区别、国家债务和地方化债务在继承上的区别，综合考查属地管辖权、属人管辖权、保护性管辖权和普遍性管辖权的区别，综合考查国家主权豁免的范围、条件、方式、管辖豁免与执行豁免的关系等。我国《外国国家豁免法》于 2023 年 9 月 1 日通过，作为新增法规应予关注。

国际组织部分的考查基本上集中在联合国，特别是联合国安理会与大会的重要职权、选举程序等。要注意知识点之间的联系与区别。

3　设题陷阱

陷阱：混淆联合国大会与安理会的职权以及表决制度。现将联合国大会与安理会的职权、投票权列表对照，详见下表。

机构	职权	重要问题的表决（实质性事项的表决）	一般问题的表决（程序性事项的表决）
联合国大会	讨论除安理会正在审议以外的任何问题	2/3 多数通过； 重要问题包括：与维持和平与安全相关的建议，安理会、托管理事会、经社理事会中理事国的选举，会员国的接纳、开除、中止等	重要问题外的其他事项，简单多数通过，即半数以上
联合国安理会	促使争端和平解决； 制止侵略行为； 程序上的职能，如新会员的接纳、秘书长的推荐等	包括全体常任理事国在内的9个同意票，又被称为“大国一致原则”，即任何一个常任理事国都享有否决权； 实质性事项表决的问题包括：和平与安全方面的决议，会员国、秘书长的推荐等	9个理事国的同意票

真题快刷

1 甲国籍船长约翰驾驶船舶“跃海号”(悬挂甲国国旗)在公海航行期间，故意撞击一艘在同一海域的中国渔船“前进号”，导致中国渔船渔民严重伤亡，“跃海号”在中国海南某港口停靠，约翰上岸就医，受害方在中国某法院对“跃海号”和约翰提起了诉讼。已知甲国和中国都是《联合国海洋法公约》的缔约方。下列说法正确的是:(2022 年回忆版，多选)

A. 本案所涉的刑事诉讼可由中国法院管辖

B. 本案所涉的刑事诉讼应由国际海洋法法庭管辖

C. 本案所涉的民事诉讼赔偿适用《联合国海洋法公约》

D. 本案中“前进号”对“跃海号”的民事赔偿之诉适用中国法

2 甲国的投资企业A公司与乙国的国有企业B公司在甲国签订一份在乙国进行合作投资的合同，A公司称B公司存在违约行为，欲在甲国对B公司提起诉讼。根据国际法规则，下列哪一选项是正确的？(2018 年回忆版，单选)

A. 因为B公司属于国有企业，享有豁免权，故甲国法院对该案无管辖权

B. B公司不享有豁免权，甲国法院对该案有管辖权

C. B公司作为国有企业，其实施的行为是可归因于国家的行为

D. 因为B公司属于国有企业，享有豁免权，但A公司可以在乙国起诉B公司

3 联合国会员国甲国出兵侵略另一会员国。联合国安理会召开紧急会议，讨论制止甲国侵略的决议案，并进行表决。表决结果为：常任理事国4票赞成、1票弃权；非常任理事国8票赞成、2票否决。据此，下列哪一选项是正确的？(2016 年，单选)

A. 决议因有常任理事国投弃权票而不能通过

B. 决议因非常任理事国两票否决而不能通过

C. 投票结果达到了安理会对实质性问题表决通过的要求

D. 安理会为制止侵略行为的决议获简单多数赞成票即可通过

（本章答案及解析见第57页）

第二章　国际法上的空间划分

名师带练

1　考点考查统计

- 国际法上的空间划分
  - 国家领土
    - 领土的取得方式 *
    - 边界与边境制度 * *
  - 海洋法
    - 领海及毗连区 * *
    - 专属经济区和大陆架 * *
  - 国际航空法和外层空间法
    - 国际民航安全制度 *
    - 外空法律制度 *

2　命题基本规律

国家领土部分的主要考查方向集中在领土与边界，考查方式以综合考查为主，如综合考查领土主权的一般限制（如无害通过）和特殊限制（共管、租借、国际地役和势力范围）的区别，综合考查先占、时效、征服和强制割让、添附和非强制性割让在现代国际法上的合法性等。本部分考题的特点是比较灵活，与时事结合紧密，但是考查频次不高。

海洋法部分一般每年有1道题目，考查方向是各水域的划分和法律地位。本部分考查常常以时政案例出现，考查方式较为直接，一般集中考查某一水域或者某一具体航行制度，如单独考查无害通过制度、群岛水域制度等。本部分未来考查的可能性较大，考生应注意领海与毗连区、专属经济区与大陆架的联系和区别，无害通过制度与过境通行制度的适用范围以及二者的区别，公海中船旗国管辖和普遍性管辖、登临权、紧追权等。

国际航空法的主要考查方向是外空法律责任和危害民航安全罪行的管辖，此部分需要深刻理解国际法基本理论中的管辖权部分，未来对该部分的考查还可能引入与国际犯罪密切相关的引渡问题。

3　设题陷阱

陷阱一：维护界标时单方采取行动。 在已经设立的界标边界线上，相邻国家对界标的维护负有共同的责任。双方都应采取必要措施防止界标被移动、损坏或灭失。若一方发现界标被移动、损坏的情况，应尽速通知另一方，并在双方代表都在场的情况下修复或重建，而不能单方将界碑“恢复原状”。国家有责任对移动、损坏或毁灭界标的行为予以惩处，但基于属地优越权，不能越境去抓捕本国肇事者。

陷阱二：混淆不同海域的通过制度。领海的无害通过：无害通过或无害通过权，是指外国船舶在不损害沿海国和平安宁和正常秩序的条件下，拥有无须事先通知或征得沿海国许可而连续不断地通过其领海的航行权利。无害通过是任何国家都拥有的一项权利，沿海国不应对此进行妨碍。无害通过制度的适用主体仅仅是外国船舶，该制度不适用于航空器。**群岛水域：**分为无害通过和群岛海道通过两种情况。前一种是所有国家的船舶享有通过除群岛国内水以外的群岛水域的无害通过权，不包括飞机；后一种是指群岛国可以指定适当的海道和其上的空中信道，以便其他国家的船舶或飞机连续不停地迅速通过或飞越其群岛水域及其邻接的领海。所有国家都享有这种群岛海道通过权。**用于国际航行的海峡：**可能适用不同的通过制度，最典型的是过境通行制度。过境通行是专为连续不停和迅速通过目的而进行的自由航行和飞越，也包括以合法地自海峡沿岸国驶入、驶出为目的的通过。

真题快刷

考点一 国家领土

1 乙国飞机在甲、乙两国边界附近坠毁并引发火灾，乙国组织力量紧急救援。乙国救援队为灭火和抢救生命，擅自进入甲国国界数十米，尽管乙国尽力救助，火灾还是给甲国造成了财产损失。乙国救援队撤回其界内时，发现甲、乙两国界标毁损。根据国际法相关规则，下列说法正确的是：(2021 年回忆版，单选)

A. 乙国救援人员未经甲国同意越过边境救灾，违反国际法规定

B. 乙国可自行修复界标，恢复后通知甲国

C. 乙国通知甲国后，应尽快修复界标

D. 乙国无须承担因火灾给甲国造成的损失

2 关于领土的合法取得，依当代国际法，下列哪些选项是正确的？(2016 年，多选)

A. 甲国围海造田，未对他国造成影响

B. 乙国屯兵邻国边境，邻国被迫与其签订条约割让部分领土

C. 丙国与其邻国经平等协商，将各自边界的部分领土相互交换

D. 丁国最近 20 年派兵持续控制其邻国部分领土，并对外宣称拥有主权

考点二 海洋法

1 甲、乙两国的公司打算从海底建天然气管道输送天然气，途经丙国的专属经济区和丁国的大陆架，最后管道口要经过丁国的领海接入陆地。下列说法正确的是：(2023 年回忆版，多选)

A. 甲、乙两国的公司有权在丁国的大陆架铺设海底天然气管道，但其线路必须经过丁国的同意

B. 甲、乙两国的渔船有权在丙国的专属经济区捕鱼，而无须丙国的同意

C. 丙国对其专属经济区的权利并不取决于有效或象征的占领或任何明文公告

D. 如果甲、乙两国的公司在丙国的专属经济区所铺设的海底管道发生了泄漏，则丙国有权适用其国内的有关法律和规章调查和处理该事件

2 根据《联合国海洋法公约》和中国的相关法律规定，下列哪一选项是正确的？(2021 年回忆版，单选)

A. 甲国军舰有权无害通过我国领海

B. 乙国商业飞机无须我国许可通过我国领海上空

C. 我国海警船从毗连区开始紧追丙国走私船，在其进入公海时紧追应终止

D. 丁国有权在我国大陆架铺设海底电缆，但须经我国主管机关同意

3 依照中国法律、司法解释和国际相关法，下列选项正确的是：(2020 年回忆版，单选)

A. 联合国某专门机构在中国专属经济区开展海洋科考，无须经中国主管机关批准

B. 丙国军用飞机非经中国政府批准或接受，不得进入中国毗连区上空

C. 甲国潜艇通过中国毗连区须在海面航行，并展示其旗帜

D. 乙国渔民在中国大陆架，非法捕捞并杀害濒危海龟，依照中国刑法追究刑事责任

4 依据《联合国海洋法公约》，甲国在本国专属经济区的下列哪项行为符合公约？(2019 年回忆版，单选)

A. 击落上空的乙国无人机

B. 击沉海面的丙国军舰

C. 在海上修建风力发电站

D. 破坏丁国铺设的海底电缆

5 “青田”号是甲国的货轮、“前进”号是乙国的油轮、“阳光”号是丙国的科考船，三船通过丁国领海。依《联合国海洋法公约》，下列哪些选项是正确的？(2016 年，多选)

A. 丁国有关对油轮实行分道航行的规定是对“前进”号油轮的歧视

B. “阳光”号在丁国领海进行测量活动是违反无害通过的

C. “青田”号无须事先通知或征得丁国许可即可连续不断地通过丁国领海

D. 丁国可以对通过其领海的外国船舶征收费用

考点三 国际航空法和外层空间法

1 甲国某航空公司国际航班在乙国领空被乙国某公民劫持，后乙国将该公民控制，并拒绝了甲国的引渡请求。两国均为 1971 年《关于制止危害民用航空安全的非法行为的公约》等三个国际民航安全公约的缔约国。对此，下列哪一选项是正确的？(2021 年回忆版，单选)

A. 劫持未发生在甲国领空，甲国对此没有管辖权

B. 乙国有义务将其引渡到甲国

C. 乙国可不引渡，但应由本国进行刑事审判

D. 本案属国际犯罪，国际刑事法院可对其行使管辖权

2 甲国研发的气象卫星委托乙国代为发射，因天气原因该卫星在丙国境内实际发射。发射过程中火箭碎片掉落，砸伤受邀现场观看发射的某丁国国民。由于轨道偏离，该气象卫星与丁国通信卫星相撞，丁国卫星碎片跌落砸坏戊国建筑并造成戊国人员伤亡。甲、乙、丙、丁、戊都是加入《空间物体造成损害的国际责任公约》(本题中以下简称《责任公约》)的缔约国，下列哪些判断是正确的？(2020 年回忆版，多选)

A. 丁国不对戊国财产和人员伤亡承担责任

B. 火箭碎片对某丁国国民造成的损害不适用《责任公约》

C. 甲、乙、丙、丁国应对戊国的财产和人员伤亡承担绝对责任

D. 甲、乙、丙国应对丁国卫星损害承担过错责任

(本章答案及解析见第 58 页)

第三章　国际法上的个人

名师带练

1　考点考查统计

- 国际法上的个人
  - 国籍
    - 国籍的冲突 *
    - 中国国籍法的实践 * *
  - 外国人的法律地位
    - 出境入境管理制度 * * *
    - 外交保护 *
  - 引渡和庇护 * *

2　命题基本规律

国际法上的个人是国际法考试中的重点内容。

国籍问题的考查方向主要是国籍冲突,国籍冲突的原因在于各国国内法对国籍的获得和丧失方面的不同规定。考查方式是设置一个国籍冲突的案例,要求考生判断特定冲突情况下国籍冲突如何解决、国籍如何认定。近年来,国籍冲突是考查热点,我国有关国籍的立法有可能在未来考查中继续出现。

外国人法律地位部分的考查方向是出境入境管理制度。考查方式主要有:(1)综合考查外国人出境、入境、居留等内容;(2)重点考查禁止外国人入境的条件;(3)考查外国人出境、入境时的审查程序。考生应注意重点掌握我国的出境入境管理制度。

引渡和庇护部分考查方向是引渡的主体、条件、对象和原则,庇护实施的地点和条件。引渡和庇护制度常常结合在一起进行考查,也常常与国际法的基本原则、外交保护、国家责任等结合考查。考生在复习时不但要掌握国际法的一般规则,也要关注我国《引渡法》的有关规定。

本部分试题的题面较为复杂,与国家管辖权部分的知识点结合紧密,在考试中常常考查较为复杂的多项选择题或者不定项选择题,考生要注意审题。对本部分知识的掌握要着重理解,在理解的基础上记忆。

3　设题陷阱

陷阱一:出生在外国的中国人具有中国国籍。为了避免国籍的积极冲突,我国不承认中国公民具有双重国籍。定居外国的中国公民,自愿加入或取得外国国籍的,即自动丧失中国国籍。父母双方或一方为中国公民,本人出生在外国,具有中国国籍;但父母双方或一方为中国公民并定居在外国,本人出生时即具有外国国籍的,不具有中国国籍。

陷阱二:国家有义务允许外国人入境,对不予入境的外国人需要说明理由。国家没有允许外国人入境的义务。实践中,外国人入境一般要经过两个步骤。首先,持有有效护照并获得入境签证,也被称为“护照签证制”。其次,在入境口岸接受有关安全、卫生等方面的检查。对不准入境的,出入境边防检查机关可以不说明理由。

陷阱三:引渡是国家的一般义务。在国际法中,国家没有一般的引渡义务,当他国在没有引渡条约的情况下提出引渡时,一国可以自由裁量,根据其有关国内法或其他因素作出决定。

真题快刷

考点一 国籍

1 甲国球星埃尔申请加入中国国籍。依中国《国籍法》,下列哪一选项是正确的?(2020年回忆版,单选)

A. 埃尔的申请一旦被批准,则其今后不得申请退出中国国籍

B. 埃尔加入中国国籍的申请由中国外交部审批

C. 埃尔加入中国国籍后,可以保留其甲国国籍

D. 埃尔的申请被批准前与中国女子在广州所生的儿子具有中国国籍

2 中国公民李某与俄罗斯公民莎娃结婚,婚后定居北京,并育有一女李莎。依我国《国籍法》,下列哪些选项是正确的?(2017年,多选)

A. 如李某为中国国家机关公务员,其不得申请退出中国国籍

B. 如莎娃申请中国国籍并获批准,不得再保留俄罗斯国籍

C. 如李莎出生于俄罗斯,不具有中国国籍

D. 如李莎出生于中国,具有中国国籍

考点二 外国人的法律地位

1 中国国籍的李智和德国公民珍妮结婚后定居德国,并在定居期间取得德国籍,但李智并未在中国申请注销其身份证与户籍。根据中国相关法律规定,下列表述中正确的是:(2023年回忆版,单选)

A. 如果中国公安机关发现李智在中国境内存在严重违法情形并决定将其驱逐出境的,李智可向人民法院提起行政诉讼

B. 如李智涉嫌从事危害中国国家安全的活动并被中国公安机关拘留审查,则其可依法申请行政复议

C. 如李智在中国境内涉及民事诉讼,则人民法院应认定其国籍国为中国

D. 如李智在中国境内有未了结的民事案件,则其不准出境

2 甲国公民杰克申请来中国旅游,关于其在中国出入境和居留期间的管理,下列选项正确的是:(2021年回忆版,多选)

A. 如杰克患有严重精神障碍,中国签证机关不予签发其签证

B. 如杰克入境后可能危害中国国家安全和利益,中国出入境边防检查机关可不准许其入境

C. 杰克入境后,在旅馆以外的其他住所居住或者住宿的,应当在入住后48小时内由本人或者留宿人向居住地的公安机关办理登记

D. 如杰克在中国境内有未了结的民事案件,法院决定不准出境的,中国出入境边防检查机关有权阻止其出境

3 2005年,甲国夫妇汤姆和玛丽收养了中国女孩樱樱,樱樱改名艾琳后随养父母去甲国定居,并取得甲国国籍。2019年,艾琳被中国上海某高校录取。根据中国相关法律规定,下列哪项判

断是正确的？(2021 年回忆版，单选)

A. 艾琳到中国学习，无须办理签证

B. 艾琳周末可以自由决定到快餐店兼职工作

C. 艾琳可以同时拥有中国国籍和甲国国籍

D. 甲国疫情暴发，甲国夫妇以探望艾琳的名义申请进入中国境内，但中国边防检查机关禁止二者入境，且未说明理由

考点三　引渡和庇护

1 甲国公民库克被甲国刑事追诉，现在中国居留，甲国向中国请求引渡库克，中国和甲国间无引渡条约。关于引渡事项，下列选项正确的是：(2021 年回忆版，多选)

A. 甲国引渡请求所指的行为依照中国法律和甲国法律均构成犯罪，是中国准予引渡的条件之一

B. 由于库克健康原因，根据人道主义原则不宜引渡，中国可以拒绝引渡

C. 根据中国法律，引渡请求所指的犯罪纯属军事犯罪的，中国应当拒绝引渡

D. 根据甲国法律，引渡请求所指的犯罪纯属军事犯罪的，中国应当拒绝引渡

2 中国人张某在甲国将甲国公民杀死后逃至乙国，已知甲国和乙国之间没有签订引渡条约，但是中国和甲、乙两国都有引渡条约。下列说法正确的有：(2018 年回忆版，多选)

A. 中国外交部可以向乙国政府请求将张某先行采取强制措施再行引渡

B. 如甲国向乙国申请引渡，乙国无正当理由不得拒绝引渡

C. 如果乙国未经中国同意将张某引渡给甲国，则中国可以向乙国提起外交保护

D. 如乙国将张某引渡给中国后，甲国向中国提请引渡张某，中国政府应当予以拒绝

(本章答案及解析见第 62 页)

第四章　外交与领事关系法

名师带练

1　考点考查统计

- 外交与领事关系法
  - 外交机关
    - 使馆＊＊
    - 外交代表＊＊
  - 外交特权与豁免
    - 使馆的外交特权与豁免＊＊
    - 外交人员的特权与豁免＊
  - 领事关系法
    - 领事机构＊
    - 领事的特权与豁免＊

2 命题基本规律

外交与领事关系法部分在每年的考试中一般有1道题目。本部分包括外交关系法和领事关系法两大部分。

本部分的考查比较集中。一是考查外交代表的派遣与接受、召回，这里要注意国家拥有派遣和接受外交代表的权利，但没有必须向某个国家派遣或必须接受某个外国的外交代表的一般义务。二是考查外交特权与豁免，考查方式多为案例，考生首先要了解外交机关和外交人员的概念，能够在具体的案例中判断出哪些人员属于享有外交特权与豁免的人员；其次要掌握这些外交人员的哪些行为享受外交特权与豁免，重点是外交人员在民事和行政案件中的管辖豁免的例外；最后要掌握外交人员在诉讼程序中作证、执行、反诉等特殊情况下的特权与豁免。外交人员和领事人员在驻在国的义务也有可能与外交特权与豁免放在一起综合考查。

3 设题陷阱

陷阱一：混淆外交特权与领事特权，应重点掌握二者的区别。下表列出了使馆与领馆在特权与豁免方面的异同：

区别项	使　馆	领　馆
馆舍不得侵犯	接受国人员非经使馆馆长许可，不得进入使馆馆舍；即使是送达司法文书或遇火灾以及流行病发生，也无例外	接受国人员非经领馆馆长许可，不得进入领馆馆舍中工作部分；但遇火灾或者其他灾害须迅速采取行动时可以进入
	接受国对馆舍负有特殊的保护责任	
	使馆馆舍及设备，以及馆舍内其他财产与使馆交通工具免受搜查、征用、扣押或强制执行	领馆馆舍及设备，以及馆舍内其他财产与交通工具一般免受搜查、征用、扣押或强制执行；但接受国确有征用必要时，可以征用，但须补偿
使馆档案不得侵犯	档案文件无论何时何处不得侵犯	
通讯自由		
免纳捐税		
使馆人员有行动和旅行自由		

陷阱二：混淆外交人员与领事官员的管辖与豁免。领事官员的管辖与豁免较外交人员低，下表列出了二者在特权与豁免方面的异同：

区别项	外交人员	领事人员
刑事管辖	完全豁免	对犯有严重罪行或司法机关已经裁判执行的不享有豁免
民事或行政管辖	相对豁免	职务行为相对豁免

续表

区别项	外交人员	领事人员
民事或行政管辖豁免例外	外交代表在接受国境内私有不动产之物权诉讼	因领事官员未明示或者默示以派遣国身份而订立合同所发生的诉讼
	外交代表以私人身份并不代表派遣国为遗嘱执行人、遗产管理人、继承人或受赠人之继承事项的诉讼	第三者因车辆或者航空器在接受国内造成意外事故的损害赔偿
	关于外交代表在接受国内在公务范围以外所从事的专业或商业活动的诉讼	
作证义务	无	与职务相关的事项无作证义务
主动起诉引起的反诉不享有豁免		
特权和管辖豁免可以由其派遣国放弃,但这种放弃只能由派遣国明示作出		

真题快刷

考点一 外交机关

1 甲、乙两国为《维也纳外交关系公约》及《维也纳领事关系公约》的缔约方,依该两公约,下列哪一选项是正确的?(2020 年回忆版,单选)

A. 乙国驻甲国总领事馆办公楼发生重大火灾,甲国消防部门在总领事馆反对的情况下,紧急进入办公楼灭火

B. 乙国驻甲国大使馆可对被甲国通缉的丙国人予以庇护

C. 甲国反恐部门掌握乙国驻甲国领事馆的邮袋藏有危险炸药的确凿证据,如乙国拒绝则甲国不能强行拆开

D. 乙国宣布甲国外交人员为不受欢迎的人时,必须说明理由

2 甲、乙两国因政治问题交恶,甲国将其驻乙国的大使馆降级为代办处。后乙国出现大规模骚乱,某乙国公民试图翻越围墙进入甲国驻乙国代办处,被甲国随员汤姆开枪打死。根据该案情以下说法正确的是:(2018 年回忆版,单选)

A. 因甲国主动将驻乙国使馆降级为代办处,根据相关公约的规定,代办处不再受到外交法的保护

B. 随员汤姆的行为是为了保护代办处的安全,因此不负任何刑事责任

C. 乙国可以因随员汤姆的开枪行为对其采取刑事强制措施

D. 如果甲国明示放弃汤姆的外交豁免权,则乙国可以对汤姆采取刑事强制措施

考点二 外交特权与豁免

1 布鲁斯是甲国在乙国大使馆的一名武官,根据《维也纳外交关系公约》,下列有关说法中正确的是:(2023 年回忆版,多选)

A. 布鲁斯不得以维护甲国利益为由而在乙国参与反政府的游行

B. 布鲁斯如果在周末时间利用自己的特长在乙国从事专业技术活动,则属于违反其义务的行为

C. 布鲁斯如果在乙国的国内法院的民事诉讼中成为被告,则可以书面放弃管辖豁免

D. 如果布鲁斯在乙国涉及一起刑事案件，则乙国有权追究其刑事责任

2 根据《维也纳外交关系公约》，下列符合国际法的有哪些？(2021 年回忆版，多选)

A. 甲国的外交邮袋可托交该国商业飞机机长转递

B. 甲、乙两国宣战后，甲国查封乙国大使馆的档案文件

C. 即使甲国驻乙国大使馆长期处于撤离状态，乙国也不得进入其馆舍搜查档案文件

D. 甲国驻乙国大使馆利用馆舍庇护被乙国通缉的丙国人

3 甲、乙两国均为《维也纳外交关系公约》缔约国，甲国拟向乙国派驻大使馆工作人员。其中，杰克是武官，约翰是二秘，玛丽是甲国籍会计且非乙国永久居留者。依该公约，下列哪一选项是正确的？(2017 年，单选)

A. 甲国派遣杰克前，无须先征得乙国同意

B. 约翰在履职期间参与贩毒活动，乙国司法机关不得对其进行刑事审判与处罚

C. 玛丽不享有外交人员的特权与豁免

D. 如杰克因参加斗殴意外死亡，其家属的特权与豁免自其死亡时终止

考点三 领事关系法

甲、乙两国均为《维也纳领事关系公约》的缔约国，阮某为甲国派驻乙国的领事官员。关于阮某的领事特权与豁免，下列哪一表述是正确的？(2021 年回忆版，单选)

A. 如犯有严重罪行，乙国可将其羁押

B. 不受乙国的司法和行政管辖

C. 在乙国免除作证义务

D. 在乙国免除缴纳遗产税的义务

(本章答案及解析见第 66 页)

第五章 条 约 法

名师带练

1 考点考查统计

- 条约法
  - 条约的缔结 *
  - 条约的效力、解释与适用
    - 条约的保留 *
    - 条约的解释 *
    - 条约的适用 *

2 命题基本规律

本部分内容一般隔年考查一次。本部分的考查重点有两个。一是条约的缔结问题，包括条约的签署、批准、接受、赞同等方面的规则。二是条约的效力问题，包括条约的时间效力、空间效

力、效力冲突的解决、条约的保留等内容。条约的实质是协议，条约的很多规则与国内法中的合同有相通之处。条约与国内法上的合同一样具有相对性，注意其为第三国创设权利或者义务的特殊规定。与国际法基本原则结合可以加深对本部分的理解。

3 设题陷阱

陷阱一：混淆条约签署的法律意义。根据条约本身的规定或有关各方的约定，签署条约在不同情况下可以有不同的法律意义：(1)如条约规定或各有关方约定，签署意味着认证和签字国同意受条约的拘束的双重意义，则签署后该条约对签署国即产生拘束力。(2)对规定或约定需要批准的条约，签署除对约文的认证外，还含有签署者代表的国家初步同意缔结该条约的意思，但只有经签署国有权机关批准后，条约才可能对该国产生拘束力。我国规定条约和重要协定需要经过批准。

陷阱二：混淆条约保留在接受保留国与反对保留国的效力。条约保留，是指一国在签署、批准、接受、赞同或加入一个条约时所作的单方声明，无论措辞或名称如何，其目的在于排除或更改条约中某些规定对该国适用时的法律效果。保留是一国单方面作出的，对于保留，其他的缔约国可以同意或反对。在保留国与接受保留国之间，按保留的范围，改变该保留所涉及的一些条约规定；在保留国与反对保留国之间，则保留所涉及的规定，在保留的范围内，不适用于该两国之间。如果反对保留国同时反对条约在两国间生效，则两国之间该条约不予适用。

真题快刷

考点一 条约的缔结

根据《维也纳条约法公约》和《中华人民共和国缔结条约程序法》，关于中国缔约程序问题，下列哪些表述是正确的？(2013 年，多选)

A. 中国外交部长参加条约谈判，无须出具全权证书

B. 中国谈判代表对某条约作出待核准的签署，即表明中国表示同意受条约约束

C. 有关引渡的条约由全国人大常委会决定批准，批准书由国家主席签署

D. 接受多边条约和协定，由国务院决定，接受书由外交部长签署

考点二 条约的效力、解释与适用

1 甲、乙、丙、丁四国签订《工业制成品关税协定》，约定工业制成品关税降至5%。次年甲、乙、丙三国又签订《贸易区协定》，约定工业制成品关税降至3%，但丙国对汽车整车类产品作出保留，甲、乙两国接受了丙国的保留。甲、乙、丙、丁四国都是《维也纳条约法公约》的缔约方，下列表述中正确的是：(2022 年回忆版，单选)

A. 甲国对丙国汽车整车类产品征收3%关税

B. 乙国对丙国机床征收5%关税

C. 丁国对丙国机床征收5%关税

D. 甲国对乙国整车类产品征收5%关税

2 甲、乙、丙、丁都是《维也纳条约法公约》的缔约方。甲、乙、丙、丁四国签订协议，约定如果对协议发生争议由国际法院管辖，甲国声明对该条款保留；乙国接受该保留；丙国反对甲国的保留，并反对该条款在两国间适用；丁国仅反对甲国的保留。据此，下列哪些说法是正确的？(2020 年回忆版，多选)

A. 甲国与乙国的冲突由国际法院管辖

B. 甲国与丙国的冲突由国际法院管辖

C. 乙国与丙国的冲突由国际法院管辖

D. 乙国与丁国的冲突由国际法院管辖

（本章答案及解析见第 69 页）

第六章　国际争端的解决

名师带练

1　考点考查统计

- 国际争端的解决
  - 国际争端解决的政治方法——调停＊
  - 国际法院
    - 国际法院的诉讼管辖权与咨询管辖权＊
    - 国际法院的诉讼程序＊
  - 国际海洋法法庭：国际海洋争端管辖＊＊

2　命题基本规律

本部分的内容几乎每年考查一次，与时事有一定程度的结合，也可以与联合国其他机构的职权结合考查。

国际争端解决的强制方法近年来鲜有涉及，偶尔会考查国际争端解决的政治方法，包括谈判、协商、斡旋、调停、调查、和解等。要注意斡旋、调停、和解的区别。

本部分考查的重点是国际争端解决的法律方法，主要围绕国际法院与国际海洋法法庭展开考查。考查方式主要有：(1)综合考查国际法院相关的知识，如在不同选项中分别考查法官的选举、诉讼管辖权与咨询管辖权以及国际法院判决的效力和执行。(2)综合考查国际法基本理论与国际法院相关知识，如考查国际法院判决的效力和国际法的渊源。本部分需要重点掌握国际法院的诉讼管辖权，包括对人管辖与对事管辖、诉讼管辖与咨询管辖的区别等。(3)综合考查国际海洋法法庭与国际法院相关知识，重点考查国际法院与国际海洋法法庭管辖的关系。(4)综合考查国际争端政治解决方式、国际法院、国际海洋法法庭。

3　设题陷阱

陷阱一：国际法院的法官需要回避本国争端。国际法院的法官对于涉及其国籍国的案件，不适用回避制度，除非其就任法官前曾参与该案件。此外，在法院受理案件时，如果一个当事国有本国籍的法官，他方当事人也可以选派 1 人作为“专案法官”，参加本案的审理。如果当事双方都没有本国籍的法官，则双方都可各选派 1 名“专案法官”参与该案件的审理。这种临时的“专案法官”在该案审理中与正式法官具有完全平等的权利。

陷阱二：国际法院可以管辖任何国际争端。国际法院管辖的案件分为三种：第一种是自愿管辖。对于任何争端，当事国都可以在争端发生后达成协议，将争端提交国际法院。法院根据当事国各方的同意进行管辖。第二种是协定管辖。在现行条约或协定中，规定各方同意将有关的争端提交国际法院解决。第三种是任择强制管辖。《国际法院规约》的当事国，可以通过发表声明，就具有下列性质之一的争端，对于接受同样义务的任何其他当事国，接受法院的管辖为当然具有强制性，而不需要再有特别的协定。这些争端是：对于条约的解释、违反国际义务的任何事实、违反国际义务而产生的赔偿的性质和范围等。

陷阱三：申请国际法院强制执行判决。根据《国际法院规约》的有关规定，国际法院规约的每一会员国如果成为任何案件的当事国，均应承诺自觉履行国际法院的判决。如果某一当事国不履行依法院判决应负的义务时，其他当事国可以向联合国安全理事会申诉。安全理事会认为必要时，可以建议或决定采取相应措施来执行判决。应当注意的是，联合国并不是凌驾于国家主权之上的国际组织，国际法院没有像国内法院一样的强制执行判决的权力，国际法院自身不能强制执行判决，也不能指令某国法院强制执行判决。

陷阱四：国际海洋争端只能由国际海洋法法庭管辖。国际法院是联合国的常设司法机关，国际海洋法法庭是依据《联合国海洋法公约》设立的海洋活动领域的专门性司法机构，其设立并不排除国际法院对海洋争端的管辖。就国际海洋争端而言，当事国可以自愿选择将争端交由国际法院或者提交国际海洋法法庭解决。

真题快刷

考点一　国际法院

1 约翰为甲国国际法学者，拟参选联合国国际法院法官，常任理事国乙国坚决反对，下列关于国际法院法官的说法正确的是：(2022 年回忆版，单选)

A. 约翰若当选国际法院法官，对涉及甲国的案件不需要申请回避

B. 国际法院法官在大会和安理会投票表决均超过 2/3 才可当选

C. 若乙国投出否决票，则约翰不能当选国际法院法官

D. 甲国驻联合国代表团可提名约翰为国际法院法官

2 甲、乙两国都是联合国会员国，现因领土争端，甲国欲向国际法院提起诉讼，关于该问题以下说法正确的是：(2018 年回忆版，单选)

A. 如国际法院受理该案件，发现主审法官中有甲国公民，则乙国可以申请该法官回避

B. 如审理案件中甲国发现法官中有乙国法官，则可以申请增加本国国籍的法官为专案法官

C. 如法院判乙国败诉，乙国又不执行该判决，则甲国可以申请国际法院强制执行该判决

D. 如果国际法院作出判决，则该判决可以成为国际法渊源，对所有联合国成员方都有约束力

考点二　国际海洋法法庭

1 甲国是新独立的国家，独立后加入了《海洋法公约》，但未加入《联合国宪章》。乙国是《海洋法公约》和《联合国宪章》的缔约国。甲国将乙国在海上对甲国船舶所实施的武装执法活动提请安理会注意，指出这一事件可能威胁到国际和平与安全。针对《海洋法公约》的解释或适用的争端，甲国所选择的强制程序为国际法院，乙国选择了公约附件七的国际仲裁。下列说法中正确是：

(2023 年回忆版,单选)

A. 由于甲国不是联合国的会员国,故该争端不能提交安理会审议

B. 如甲、乙两国就该争端的解决方式不能达成一致,本案的争端可依甲国一方的请求,由国际海洋法法庭解决

C. 如甲、乙两国就该争端的解决方式不能达成一致,则应视为双方已接受公约附件七所规定的国际仲裁

D. 如甲、乙两国就该争端的解决方式不能达成一致,则应视为双方已接受国际法院的管辖

2 甲、乙、丙三国对某海域的划界存在争端,三国均为《联合国海洋法公约》缔约国。甲国在批准公约时书面声明海洋划界的争端不接受公约的强制争端解决程序,乙国在签署公约时口头声明选择国际海洋法法庭的管辖,丙国在加入公约时书面声明选择国际海洋法法庭的管辖。依相关国际法规则,下列哪一选项是正确的?(2017 年,单选)

A. 甲国无权通过书面声明排除公约强制程序的适用

B. 国际海洋法法庭对该争端没有管辖权

C. 无论三国选择与否,国际法院均对该争端有管辖权

D. 国际海洋法法庭的设立排除了国际法院对海洋争端的管辖权

(本章答案及解析见第 71 页)

第七章　战争与武装冲突法

名师带练

1　考点考查统计

战争与武装冲突法
- 战争开始的法律后果 * *
- 对作战手段的限制 *
- 对战争受难者的保护:战俘的待遇等 * *

2　命题基本规律

战争与武装冲突法部分主要考查战争开始所引起的法律后果、国际法对作战手段的限制、战俘的待遇等方面。

3　设题陷阱

陷阱一:进入战争状态不会引起相应的法律后果。进入战争状态后,交战国彼此为敌国,但不能理解为交战国对敌国国家和国民的财产均可无偿没收。战争开始的法律后果主要表现在以下几个方面:(1)外交与领事关系的断绝。(2)条约关系受影响。两国间的双边政治性条约立即废除,经济贸易条约失效或停止施行。但关于领土和边界的条约不能因战争而失效(除非该条约是导致战争的主要原因),交战国共同参加的有关战争和中立的条约则因战争的开始而开始实施。双方共

同参加的多边条约是否继续适用依该条约本身的规定，如无相关规定，普遍性的多边条约或有关卫生、医药的条约不因战争开始而终止，但其中与交战行为相冲突的条款，可中止执行，待到战争结束后再恢复执行。(3)经济贸易关系的中断。战争开始后，交战国人民之间的贸易和商务往来一般被禁止，但不影响已履行的契约或已结算的债务。(4)交战国人民及其财产带有敌性。战争发生后，在交战国境内的敌国财产，如果是公产，则不动产(除使领馆外)可以没收和使用，但不能加以变卖。动产可加以没收，军事性质的敌产可加以破坏。至于敌国人民的财产，原则上不加侵犯，但可以加以某些限制(如禁止转移、冻结或征用)。敌国人民(包括自然人和法人)带有敌性，一般应允许他们在适当时期内离境，如未离境，可以实施一定的限制，如进行强制性的敌侨登记等。对占领区内军事性的敌国动产可以征用；对不动产可以使用，但不得拥有、变卖或作其他改变物权所有者的处置。对占领区内的敌国人民之私产不应干涉或没收，但对可满足军事需要的财产可征用。

陷阱二：交战国对抓获的战俘可以随意采取限制措施。对战俘应给予人道主义待遇，根据传统国际法关于战俘待遇的规则，战俘的待遇主要包括：(1)战俘不应受侮辱、虐待、报复和杀害；(2)战俘的衣、食、住应能维持在保障其健康的水平；(3)战俘的医疗应有保障；(4)战俘的宗教信仰应受尊重；(5)战俘保有其被俘时的衣物、财产和民事权利；(6)战俘应被允许和家属通信；(7)战俘拘留所应设在比较安全的地方；(8)战事停止后战俘应即释放和遣返。

真题快刷

1 甲国以护侨为由派遣军队进入乙国境内，乙国向甲国宣战，但未派出军队进行抵抗。丙国是乙国的同盟国，向甲国宣战并派遣军队入境乙国参战，并在作战行动中俘虏了一批甲国的士兵。根据国际法的相关规则，下列表述中正确的是：(2023年回忆版，单选)

A. 甲、乙两国处于国际法上的战争状态

B. 丙国经被俘士兵同意可以对其实施限制，在被俘士兵被羁押期间禁止其举行有关的宗教仪式

C. 甲国在乙国宣战后有权没收乙国在其境内的使领馆财产

D. 安理会如果为解决该项国际争端作出决议，则该决议仅对甲、乙、丙三国有拘束力

2 甲、乙两国因领土纠纷宣战，其共同邻国丙国宣布战时中立，下列哪一表述是正确的？(2022年回忆版，单选)

A. 甲国不得没收乙国战俘携带的金钱和贵重物品

B. 乙国在战争开始后宣布关闭驻甲国大使馆，甲国在乙国宣布的闭馆期间届满后收回乙国驻甲国大使馆馆舍

C. 丙国同意甲国为缩短后勤补给时间而经过丙国的领土运送军用物资

D. 甲国驻乙国大使馆的外交人员自两国宣战时起不再享有外交特权和豁免

3 甲、乙两国发生武装冲突。地区大国丙提出停火方案，并邀请甲、乙两国代表到丙国首都和谈。三国随后以联合声明的方式发布停火协议。后因甲、乙两国就停火协议理解不同，再次发生武装冲突。以下哪一选项符合国际法的规定？(2021年回忆版，单选)

A. 甲、乙两国宣战后，甲国可以没收乙国驻甲国大使馆的财产

B. 停火协议的签订必须经过丙国调停

C. 甲、乙两国宣战后，甲国A公司与乙国B公司之间尚未履行的商业合同自动废止

D. 丙国应对停火协议产生的争议承担法律责任

(本章答案及解析见第73页)

国际私法

关于国际私法客观题的考试说明

一、命题基本规律

2016年、2017年，国际私法部分在试卷一中的分值比例一般为9%左右。试题题型包括单项选择题、多项选择题和不定项选择题，其中单项选择题的数量一般为5道，多项选择题3道，不定项选择题0～1道。

2018年改为国家统一法律职业资格考试后，据考生回忆，国际私法部分的题量同比压缩，分值约6分，题型为单项选择题和多项选择题，基本代表了今后一段时期分值和题型分布的特点。

国际私法部分考查的重点非常突出，考点重复率高，可预见性强，这在整个考试的部门法中是比较罕见的，因此真题对重点的反映比较充分，有较大的参考价值。从试题形式上来看，以案例形式出现的试题逐渐增多，但是大多不复杂，考点设问明确，一般不会出现审题偏差。有些题目看似复杂，实际仍是考查基本制度。从试题难度上来看，相对于其他的部门法，国际私法试题难度较低，只要考生稍微下点功夫，拿到该部分的大部分分数并不是什么难事。考生应当牢牢抓住这一得分率高的部门法。

二、复习技巧

鉴于国际私法考试的以上特点，考生在复习时对国际私法的理论部分，应着重于理解，吃透冲突规范的基本概念、类型、结构以及适用冲突规范的有关制度，如识别、先决问题、反致、外国法的查明、公共秩序保留、法律规避等。对国际私法的涉外法律适用，考生则应着重于记忆，只要掌握了我国相应的法律规定，特别是《民事诉讼法》《涉外民事关系法律适用法》等，题目即可迎刃而解。

2023年9月1日，第十四届全国人大常委会第五次会议审议通过了《全国人民代表大会常务委员会关于修改〈中华人民共和国民事诉讼法〉的决定》，自2024年1月1日起施行。本次《民事诉讼法》修改在全面总结涉外民商事审判实践经验基础上，重点对《民事诉讼法》中"涉外民事诉讼程序的特别规定"一编的内容进行了修改完善：一是修改管辖的相关规定，进一步扩大我国法院对涉外民事案件的管辖权；二是顺应国际趋势，增加平行诉讼的一般规定、不方便法院原则等相关条款；三是进一步修改涉外送达的相关规定，着力解决涉外案件"送达难"问题，提升送达效率，切实维护涉外案件当事人的合法权益；四是完善涉外民事案件司法协助制度，增设域外调查取证相关规定；五是完善外国法院生效判决、裁定承认与执行的基本规则。上述修改在本学科"国际民事诉讼"部分有较多涉及，请考生务必关注。

第一章　冲突规范及其适用制度

名师带练

1　考点考查统计

- 冲突规范及其适用制度
  - 准据法＊＊
  - 适用冲突规范的制度
    - 识别或定性＊
    - 反致＊
    - 外国法的查明＊
    - 公共秩序保留＊
    - 法律规避＊

2　命题基本规律

冲突规范和准据法是国际私法的特有概念，适用冲突规范的有关基本制度属于传统重点。本部分内容多与其他具体法律关系的法律适用结合起来进行考查。

准据法的考查方向是准据法的特点和确定，如准据法是否包括法律适用法，准据法发生区际私法冲突时如何处理，当事人协议选择准据法时是否有时间限制、连结点限制等。

适用冲突规范的法律制度考查重复率相当高，已经出现的考查方式比较简单直接，一般直接考查我国的法律规定，如考查我国对于外国法查明的规定、我国对于公共秩序保留的规定。反致虽然近几年未出现试题，但考查可能性依然很大。

适用冲突规范的法律制度也是国际私法部分的理论难点，包括识别、反致（转致、间接反致）、外国法的查明、直接适用的法、公共秩序保留和法律规避。这些制度看似相互独立，实际上相互联系，都是围绕确定冲突规范和寻找准据法展开的，未来考查时可能结合在一起，如将公共秩序保留与法律规避结合、将准据法的确定与反致结合等。在充分理解上述适用冲突规范的法律制度的前提下，考生需要掌握我国对于以上制度的法律规定和司法实践。

3　设题陷阱

陷阱一：混淆“直接适用的法律”与准据法。准据法是能够具体确定国际民商事法律关系的当事人的权利与义务的实体法。准据法的本质特征是它必须经冲突规范指引。不经冲突规范的指定或援用，直接适用于国际民商事法律关系的法律，无论是国际统一实体私法规范还是国内法中的实体私法规范，都不能被称为准据法。

陷阱二：当事人选择的法律要与涉外民事法律关系有实际联系。一方当事人以双方协议选择的法律与系争的涉外民事关系没有实际联系为由主张选择无效的,人民法院不予支持。

陷阱三:当事人需在开庭前选择适用的法律。当事人在一审法庭辩论终结前协议选择或者变更选择适用的法律的,人民法院应予准许。

真题快刷

考点一 准据法

1 中国甲公司与英国乙公司签订了商事合同,约定合同适用英国法。现甲、乙两公司因合同履行发生纠纷诉至中国某法院,根据我国法律和相关司法解释,下列哪一表述是正确的?(2021年回忆版,单选)

A. 若双方在一审法庭辩论时将合同适用的法律变更为苏格兰法,应准许

B. 若英国存在多个法域,该合同纠纷应适用伦敦所在的英格兰法

C. 若双方在一审法庭辩论时约定该纠纷的诉讼时效适用中国法,应从其约定

D. 该纠纷的诉讼时效应适用中国法

2 《涉外民事关系法律适用法》第21条规定:"结婚条件,适用当事人共同经常居所地法律;没有共同经常居所地的,适用共同国籍国法律;没有共同国籍,在一方当事人经常居所地或者国籍国缔结婚姻的,适用婚姻缔结地法律。"该规定属于下列哪一种冲突规范?(2011年,单选)

A. 单边冲突规范

B. 重叠适用的冲突规范

C. 无条件选择适用的冲突规范

D. 有条件选择适用的冲突规范

考点二 适用冲突规范的制度

1 张某在法国巴黎留学,中国明星李某经常居所地在德国柏林。张某偷拍李某很多照片并上传到中国某网站,李某在中国某法院起诉张某侵犯其隐私权。下列表述中正确的是:(2022年回忆版,单选)

A. 张某和李某可在一审法庭辩论终结前合意选择法国法

B. 若依德国法类似案件应适用被侵权人国籍国法,法院应适用中国法

C. 本案的诉讼时效问题应适用中国法

D. 本案应适用的法律可由中国受理案件的法院查明

2 张某有甲、乙两个国籍,定居上海,和中国公民王某在上海发生侵权纠纷,张某向中国法院起诉。下列说法正确的是:(2020年回忆版,单选)

A. 因为中国不承认双重国籍,为了方便审理,张某需放弃一个国籍

B. 法院审理只能适用中国法

C. 两人协商适用甲国法,法院应予同意

D. 两个人如果对甲国法的内容有争议,法院可视为甲国法无法查明

3 因中国与新加坡不承认同性婚姻,经常居所同在新疆的新加坡男性公民毛毛与中国男性公民萌主到伦敦结婚。后因感情不和,毛毛与萌主欲解除婚姻关系引发争议,诉至某中国法院,并要求分割财产。关于该案,根据中国相关法律,下列哪些选项是正确的?(2018年回忆版,多选)

A. 两人在伦敦结婚的行为，属于国际私法上的法律规避

B. 因伦敦是婚姻缔结地，两人的婚姻条件应适用英国法

C. 二人的财产分割应根据夫妻财产关系法律适用规则

D. 因新疆是两人共同经常居所地，两人的结婚条件应适用中国法

4 沙特某公司在华招聘一名中国籍雇员张某。为规避中国法律关于劳动者权益保护的强制性规定，劳动合同约定排他性地适用菲律宾法。后因劳动合同产生纠纷，张某向中国法院提起诉讼。关于该劳动合同的法律适用，下列哪一选项是正确的？(2015 年，单选)

A. 适用沙特法

B. 因涉及劳动者权益保护，直接适用中国的强制性规定

C. 在沙特法、中国法与菲律宾法中选择适用对张某最有利的法律

D. 适用菲律宾法

(本章答案及解析见第 75 页)

第二章　民事主体的法律适用

名师带练

1　考点考查统计

- 民事主体的法律适用
  - 自然人国籍、居所冲突，权利能力与行为能力的法律适用
    - 自然人权利能力的法律适用(含宣告失踪、宣告死亡) *
    - 自然人行为能力的法律适用 *
  - 法人国籍、居所冲突，权利能力与行为能力的法律适用
    - 法人国籍的确定 * *
    - 法人权利能力的法律适用 *
    - 法人行为能力的法律适用 *

2　命题基本规律

本部分的考点集中于自然人国籍、居所冲突解决，自然人、法人民事权利能力与行为能力的法律适用。

本部分考查的方式主要有两类：一类是题面明确告知法律关系，请考生指出应适用的法律。这类题目考查的知识点较为简单，比如直接考查宣告死亡、宣告失踪的法律适用。另一类是需要考生首先对法律关系进行识别，然后再针对已识别出的法律关系判断应当适用的法律。如果法律关系识别错误，后续判断也不可能正确。

本部分未来考查的方式应该变化不大。无论题面如何设置，考查范围都十分明晰，考生要熟练

掌握《涉外民事关系法律适用法》以及相关司法解释。

这一命题规律同样适用于第三章、第五章,后文不再赘述。

3 设题陷阱

陷阱:混淆自然人的经常居所地与住所。《涉外民事关系法律适用法》中将“经常居所地”作为主要的属人法连结点,在许多法律适用规范中用其替代了原有的“住所”概念。所谓经常居住地,是指自然人在涉外民事关系产生或者变更、终止时已经连续居住一年以上且作为其生活中心的地方,但就医、劳务派遣、公务等情形除外。

真题快刷

考点一 自然人国籍、居所冲突,权利能力与行为能力的法律适用

经常居所地同在广州的越南公民阮某和莱索托公民祁某,去中国西北无人区探险时失踪。数年后两人亲属在广州某法院申请宣告死亡。关于本案的法律适用,下列选项正确的是哪项?(2021年回忆版,单选)

A. 都适用中国法

B. 若莱索托国法律无法查明,则应适用中国法确定能否对祁某宣告死亡

C. 应分别适用越南法和莱索托法

D. 同时适用中国法和各自的国籍国法

考点二 法人国籍、居所冲突,权利能力与行为能力的法律适用

1 中国人甲和外国人乙在开曼群岛注册登记开设了丙公司,主要营业地在上海,后来开了个股东会并作出了决议,甲认为该股东会决议侵犯了自己的权利,向我国法院起诉申请撤销该决议。下列说法正确的是:(2023年回忆版,单选)

A. 该案应当适用开曼群岛法

B. 该案当事人可以协议选择适用英国法

C. 该案的诉讼时效应当适用中国法

D. 该案可以适用中国法或开曼群岛法

2 甲公司在德国汉堡登记注册,主营业地在波兰华沙,在新加坡有一家分公司。新加坡分公司与中国乙公司签订授权在中国独家经销的合同。甲公司得知后诉至中国某法院,主张其新加坡分公司和中国乙公司签订的合同无效。关于本案,下列哪一判断是正确的?(2021年回忆版,单选)

A. 甲公司的经常居所地是波兰华沙

B. 甲公司是波兰籍公司

C. 若新加坡分公司与中国乙公司的合同未选择合同适用的法律,该合同应适用新加坡法

D. 若新加坡分公司与中国乙公司的合同未选择合同适用的法律,该合同应适用波兰法

(本章答案及解析见第77页)

第三章　人格权、物权、债权、知识产权的法律适用

名师带练

1　考点考查统计

- 人格权、物权、债权、知识产权的法律适用
  - 人格权的法律适用 *
  - 物权的法律适用
    - 动产物权的法律适用 * *
    - 不动产物权的法律适用 *
  - 债权的法律适用
    - 合同法律适用 * *
    - 侵权责任的法律适用 *
    - 不当得利与无因管理的法律适用 *
  - 知识产权的法律适用 *

2　命题基本规律

本部分在每年的考试中均会有 1 ~ 2 道题目，题目以小型案例的形式出现，题面看似复杂，涉及多个知识点，但考查的知识点比较简单直接，一般直接指向某一个具体法条。考生需熟练掌握《涉外民事关系法律适用法》中相关部分的法律条文。

此外，本部分考查时会结合一些涉外民事关系法律适用的基本原则，特别是合同法律适用和物权法律适用的一般原则及例外规定。

除已出现过的考查方式外，未来考查方式可能更为灵活，如要求考生选择哪些领域在适用法律时可以适用当事人意思自治原则等。此外，消费者合同、正在运输中的动产物权、有价证券、权利质权、产品责任的法律适用因近几年考试中均没有涉及，可能在未来考试中出现。

3　设题陷阱

陷阱一：混淆当事人选择以及未选择法律的适用。考查某法律关系的法律适用，首先要了解当事人是否可以协议选择法律，其次要了解当事人没有选择时适用何种法律。当事人可以协议选择法律的领域列举如下：(1)动产物权适用的法律、运输中动产物权发生变更适用的法律。(2)合同适用的法律。(3)侵权行为发生后，当事人协议选择适用法律的，按照其协议。(4)不当得利、无因管理，适用当事人协议选择适用的法律。(5)当事人可以协议选择知识产权转让和许可使用适用的法律。知识产权的侵权责任，当事人也可以在侵权行为发生后协议选择适用法院地法律。

陷阱二：知识产权侵权、侵害人格权与侵权责任的法律适用相混淆。虽然均涉及侵权，但知识产权侵权、侵害人格权与传统侵权责任的法律适用原则不同。这一点是由其特殊性造成的。侵权责任原则适用侵权行为地法律。通常侵害人格权多以匿名信、网络媒体等方式进行，侵权行为地往往难以确定。通过网络或者使用其他方式侵害姓名权、肖像权、名誉权、隐私权等人格权的，适用被侵权人经常居所地法律。知识产权侵权有地域性特征，涉及知识产权的问题多采用被请求保护地的法律。

真题快刷

考点一　人格权的法律适用

经常居所地在新加坡的日本人甲来中国旅游，发现长沙某公司微信公众号用其肖像，随即向长沙某法院起诉，请问该案审理应适用以下哪国法律？（2020 年回忆版，单选）

A. 微信公众号是中国产品，应适用中国法

B. 甲经常居所地在新加坡，应适用新加坡法

C. 甲是日本人，应适用日本法

D. 甲可以与某公司协商适用中国法

考点二　物权的法律适用

1 荷兰甲公司将一批货物卖给中国乙公司，买卖合同订立时，该批货物载于由荷兰鹿特丹开往大连的韩国远洋货船上。乙公司就该批货物的所有权纠纷将甲公司诉至中国某法院，根据我国法律，下列哪一判断是正确的？（2021 年回忆版，单选）

A. 应适用中国法或荷兰法

B. 若双方协议约定适用瑞士法，应从其约定

C. 若双方没有约定，应适用韩国法

D. 可以在中国法或者荷兰法中择一适用

2 甲国马戏团带着动物明星欢欢来中国演出，因管理人员看管不力，欢欢逃脱，被中国公民王某捕获，王某将欢欢卖给甲国公民琳达。现甲国马戏团在中国某法院起诉，要求琳达归还欢欢。根据我国《涉外民事关系法律适用法》，我国法院应如何认定本案动产物权的法律适用？（2020 年回忆版，单选）

A. 若当事双方协议选择乙国法，法院应适用乙国法

B. 应当适用双方共同国籍国的甲国法

C. 应当适用中国法或甲国法

D. 因为欢欢逃脱和买卖的行为都发生在中国，故应适用中国法

考点三　债权的法律适用

1 中国上海甲公司与南非公民约翰签订劳动合同，后甲公司与莫桑比克乙公司签订劳务派遣合同，将约翰从上海派遣到莫桑比克做非全日制工。后因劳务派遣合同发生纠纷诉至我国某法院，下列关于法律适用的哪项判断是正确的？（2022 年回忆版，单选）

A. 因约翰工作地是莫桑比克,劳务派遣合同纠纷应当适用莫桑比克法

B. 因约翰是南非公民,劳务派遣合同纠纷应当适用南非法

C. 因中国上海是劳务派出地,劳务派遣合同纠纷可以适用中国法

D. 约翰有权委托某南非驻沪领事以领事身份担任诉讼代理人,但在诉讼中该领事不享有特权与豁免

2 经常居所地在巴黎的法国人玛丽在广州工作,2020 年圣诞节玛丽回国后,其饲养的宠物猫从阳台跃入邻居李某家,猫咪由李某收留和饲养。玛丽回国后,经常居所地在广州的李某把猫还给她,并要求支付饲养费用,玛丽拒绝。李某向广州某法院起诉,根据我国法律,下列选项正确的是:(2021 年回忆版,单选)

A. 若李某和玛丽未选择法律,法院应在中国法和法国法中择一适用

B. 若李某和玛丽协议选择适用德国法,法院应支持

C. 应适用中国法

D. 李某和玛丽只能在中国法和法国法中选择其中之一适用

3 德国人汉斯在南京工作,其爱犬被中国公民李明打死,汉斯遂怒将李明的隐私在网上予以曝光。后汉斯在南京起诉李明,李明提起反诉。汉斯经常居所地在南京,李明经常居所地在新加坡。法律在处理本案时的下列哪些做法是正确的?(2019 年回忆版,单选)

A. 汉斯和李明的诉求都可以协议选择适用中国法

B. 汉斯和李明的诉求都适用中国法

C. 汉斯诉李明打死其爱犬这一争议应适用德国法

D. 李明反诉汉斯侵害其隐私权的争议应适用新加坡法

考点四 知识产权的法律适用

韩国甲公司为其产品在中韩两国注册了商标。中国乙公司擅自使用该商标生产了大量仿冒产品并销售至中韩两国。现甲公司将乙公司诉至中国某法院,要求其承担商标侵权责任。关于乙公司在中韩两国侵权责任的法律适用,依中国法律规定,下列哪些选项是正确的?(2016 年,多选)

A. 双方可协议选择适用中国法

B. 均应适用中国法

C. 双方可协议选择适用韩国法

D. 如双方无法达成一致,则应分别适用中国法与韩国法

(本章答案及解析见第 78 页)

第四章　商事关系的法律适用

名师带练

1　考点考查统计

- 商事关系的法律适用
  - 票据的法律适用
    - 票据债务人的民事行为能力 *
    - 票据的背书、承兑、付款和保证行为 *
    - 票据追索权的行使期限 *
    - 票据丧失的失票人请求保全票据权利的程序 *
  - 海事海商的法律适用
    - 船舶抵押权(含光船租赁) *
    - 船舶碰撞的损害赔偿 *
  - 信托的法律适用 *

2　命题基本规律

考查国际私法与其他部门法相交叉的涉外民商事关系法律适用是近年来的一个趋势,这部分内容主要体现在商事关系的法律适用方面,如票据关系、海事关系、金融信托、民用航空等,考生要注意掌握相应部门法中的有关法条。基于该命题特点,一般来说本部分与同一部门法的交叉在非常临近的年份重复考查可能性不高,但隔几年可能会考查一次。

本部分往往综合考查多个法条,如考查票据关系的法律适用,票据法中对于该部分内容一共涉及票据债务人的民事行为能力,汇票、本票、支票出票时的记载事项,票据的背书、承兑、付款和保证行为,票据追索权的行使期限,票据的提示期限、有关拒绝证明的方式、出具拒绝证明的期限,票据丧失时失票人请求保全票据权利的程序六大方面,每一个选项考查一个方面,一道题就考查了四项内容,几乎涵盖了票据关系法律适用的全部。

海事海商法律关系与民用航空关系法律适用均涉及所有权、抵押权、优先权、碰撞的损害赔偿的法律适用等,有很多共通之处,可以对比加强记忆。

3　设题陷阱

陷阱:本部分主要涉及记忆型知识,考生在复习时可能主要关注涉外法律关系适用法,而忽略了其他法律法规中有关法律适用的内容,故而出现盲区。只要复习到位,题目就容易应对。

真题快刷

考点一　票据的法律适用

德国甲公司在上海向越南乙公司出具汇票，汇票付款人为德国甲公司在上海的分支机构。越南乙公司在河内将汇票背书转让给了越南丙公司，丙公司财务将汇票丢失，被经常居所地在广州的李先生拾得。现中国某法院受理有关该汇票的纠纷，下列哪些判断是正确的？（2022 年回忆版，单选）

A. 乙公司对该汇票的背书行为，应适用中国法

B. 丙公司对乙公司行使汇票追索权的期限，应适用中国法

C. 丙公司请求保全汇票权利的程序，应适用越南法

D. 李先生拾得汇票是否构成不当得利的问题，应适用越南法

考点二　海事海商的法律适用

中国甲公司将其旗下的东方号货轮光船租赁给韩国乙公司，为便于使用，东方号的登记国由中国变更为巴拿马。现东方号与另一艘巴拿马籍货轮在某海域相撞，并被诉至中国某海事法院。关于本案的法律适用，下列哪一选项是正确的？（2017 年，单选）

A. 两船碰撞的损害赔偿应适用中国法

B. 如两船在公海碰撞，损害赔偿应适用《联合国海洋法公约》

C. 如两船在中国领海碰撞，损害赔偿应适用中国法

D. 如经乙公司同意，甲公司在租赁期间将东方号抵押给韩国丙公司，该抵押权应适用中国法

考点三　信托的法律适用

新加坡公民王颖与顺捷国际信托公司在北京签订协议，将其在中国的财产交由该公司管理，并指定受益人为其幼子李力。在管理信托财产的过程中，王颖与顺捷公司发生纠纷，并诉至某人民法院。关于该信托纠纷的法律适用，下列哪些选项是正确的？（2017 年，多选）

A. 双方可协议选择适用瑞士法

B. 双方可协议选择适用新加坡法

C. 如双方未选择法律，法院应适用中国法

D. 如双方未选择法律，法院应在中国法与新加坡法中选择适用有利于保护李力利益的法律

（本章答案及解析见第 80 页）

第五章　婚姻家庭与继承的法律适用

名师带练

1　考点考查统计

- 婚姻家庭与继承的法律适用
  - 婚姻家庭关系的法律适用
    - 结婚、离婚、夫妻关系的法律适用 * *
    - 父母子女关系、收养、扶养、监护的法律适用 * *
  - 继承的法律适用
    - 法定继承的法律适用 *
    - 遗嘱继承的法律适用 *

2　命题基本规律

本部分是国际私法考查的重点，考点突出，重复率高，每年至少考查 1 道题。具体考点为我国《涉外民事关系法律适用法》中婚姻家庭以及继承部分的相关规定，因本部分一共涉及 14 条法条，近年来的试题基本覆盖婚姻家庭部分的全部法条规定，部分法条已经重复考查。对于这一部分的每一条法条，考生均须熟练掌握。

本部分试题多以小案例的形式出现。基于婚姻家庭关系自身复杂的特征，本部分的法律关系适用往往较为复杂，同一个法律关系中包含的连结点比较多，是出题者较为偏爱的类型。本部分考查主要有两种方式：(1)在一道题目中综合考查多个法条的内容。如结婚问题与离婚问题、结婚问题与夫妻人身关系以及财产关系问题、离婚问题与夫妻财产关系问题、离婚问题与监护权问题、监护权问题与收养问题综合考查等。(2)考查同一法律关系适用中的不同连结点。如在案例中当事人分属不同国籍、居所地与主要财产所在地不一致，当事人又另外选择适用的法律等，要求考生判断每一个具体选项说法是否正确。比如，夫妻财产关系的法律适用，当事人可以协议选择适用一方当事人经常居所地法律、国籍国法律或者主要财产所在地法律。当事人没有选择的，适用共同经常居所地法律；没有共同经常居所地的，适用共同国籍国法律。这就要求考生必须清晰地记忆法条的具体规定，既掌握连结点，也掌握适用顺序。

3　设题陷阱

陷阱一：混淆结婚实质要件与形式要件的法律适用。结婚的实质要件与形式要件适用不同的法律。结婚手续属于结婚的形式要件，一般的实践是适用婚姻缔结地法，我国认为结婚手续符合婚姻缔结地法律、一方当事人经常居所地法律或者国籍国法律的，均为有效。结婚的实质要件一般适用共同属人法，如共同的国籍或者共同的居所地法，我国适用当事人共同经常居所地法律；没有共同经常居所地的，适用共同国籍国法律；没有共同国籍，在一方当事人经常居所地或者国籍国缔结婚姻的，适用婚姻缔结地法律。

陷阱二：混淆诉讼离婚与协议离婚的法律适用。诉讼离婚因将离婚诉诸法院，涉及法院地的公共秩序,一般适用法院地法,我国也如此规定。注意诉讼离婚是不允许当事人自行选择适用的法律的。协议离婚当事人可以协议选择适用法律,但是选择范围有一定限制,即要求为一方当事人经常居所地法律或者国籍国法律。在当事人没有选择协议离婚适用法律的情况下,法院适用法律有一定顺序,即首先适用共同经常居所地法律;没有共同经常居所地的,适用共同国籍国法律;没有共同国籍国的,适用办理离婚手续机构所在地法律。

真题快刷

考点一 婚姻家庭关系的法律适用

1 经常居所在深圳的张丽和经常居所在香港特别行政区的李明婚前约定,如离婚,则财产分割适用香港特别行政区法律,并且李明要将其持有的香港股票分一半给张丽。现张丽在深圳某法院起诉离婚并请求分割夫妻共同财产,深圳法院判决离婚且均分李明在香港的股票。下列说法正确的是:(2022 年回忆版,单选)

A. 离婚应适用中国内地法

B. 因为诉讼离婚适用法院地法,故夫妻财产分割应适用中国内地法

C. 张丽可以向香港特别行政区高等法院申请认可与执行深圳法院判决的全部或部分

D. 香港特别行政区高等法院应根据深圳法院的判决,命令李明向张丽转让其 50% 的香港股票

2 埃及人甲与印度人乙的经常居所和主要财产都在上海,现二人在上海某人民法院起诉离婚并要求分割夫妻共同财产。根据中国相关法律规定,下列选项中正确的是哪项?(2021 年回忆版,单选)

A. 甲、乙之子在上海出生,其子出生时不具有中国国籍

B. 只要该诉讼尚未了结,甲、乙二人就不得离境

C. 诉讼离婚及夫妻财产分割事项均应适用中国法

D. 甲、乙可就夫妻财产分割事项协议选择适用新加坡法

3 久居上海的德国籍夫妇洛克和玛丽赴云南收养了女孩小梅。小梅的亲生父母就收养关系向上海某法院起诉,下列关于法律适用的判断哪项是正确的?(2021 年回忆版,单选)

A. 收养条件应适用德国法

B. 收养手续应适用中国法或德国法

C. 收养解除应适用中国法

D. 收养效力应适用德国法

4 定居在上海的法国人甲和中国人乙女结婚,后让乙女的堂妹丙(中国人,定居上海)代孕,生下一子丁交给甲、乙抚养,丁取得了法国国籍。后乙死亡,甲与新加坡女子戊再婚,并一起带丁回法国定居,一年多以后,丙请求确认和丁的母子关系,甲戊不许,引发争议诉至人民法院,根据相关法律和司法解释,下列哪些选项是正确的?(2018 年回忆版,多选)

A. 丙与丁的人身关系适用法国法

B. 丙与丁的人身关系适用中国法或法国法中有利于保护弱方利益的法律

C. 戊与丁的母子关系适用法国法

D. 戊与丁的母子关系适用中国法、新加坡法或法国法中有利于保护弱方利益的法律

5 经常居所在汉堡的德国公民贝克与经常居所在上海的中国公民李某打算在中国结婚。关

于贝克与李某结婚,依《涉外民事关系法律适用法》,下列哪一选项是正确的?(2016年,单选)

A. 两人的婚龄适用中国法
B. 结婚的手续适用中国法
C. 结婚的所有事项均适用中国法
D. 结婚的条件同时适用中国法与德国法

考点二 继承的法律适用

1 经常居住地在上海的中国人孙倩和德国人汉森结婚,收养了越南女童阮灵,3年后汉森因病去世,留下100万元存款,未留遗嘱,对于该案所涉的遗产继承及收养关系等方面的争议,孙倩在中国法院提起诉讼。下列说法中正确的是:(2023年回忆版,单选)

A. 如果孙倩诉请解除收养关系,则应适用中国法、德国法、越南法中最有利于保护阮灵利益的法律
B. 本案中汉森留下的存款之继承纠纷应当适用德国法
C. 本案中收养的效力问题应当适用中国法
D. 如果孙倩诉请解除收养关系,则应当适用中国法

2 经常居所地在苏州的甲国公民亨利通过悦音短视频留下遗嘱。亨利死后遗产继承纠纷诉至中国苏州某人民法院,依照中国相关法律规定,下列哪一选项是正确的?(2022年回忆版,单选)

A. 该遗嘱方式须符合中国法和甲国法,遗嘱才能成立
B. 如需适用甲国法解决本案纠纷,而双方当事人对甲国法内容有异议,人民法院应认定甲国法无法查明
C. 如亨利立遗嘱时,甲国已禁止本国人使用悦音公司的短视频产品,则该遗嘱无效
D. 该遗嘱的效力应适用中国法或甲国法

(本章答案及解析见第82页)

第六章 国际商事仲裁

名师带练

1 考点考查统计

- 国际商事仲裁
  - 仲裁协议
    - 仲裁协议的有效性 * *
    - 仲裁协议的法律适用 * *
  - 国际商事仲裁裁决的承认与执行
    - 我国有关外国仲裁裁决的承认与执行 * *
    - 国际商事仲裁裁决承认与执行的公约 *

2 命题基本规律

本部分每年可能会有1道题。本部分主要包括两部分内容:一是仲裁的基本概念、程序;二是仲裁裁决的承认与执行。

仲裁的基本概念、程序不作为考查重点，考生要掌握基本的概念，如仲裁协议的特点、效力等规定，这些与国内仲裁法是一致的，考生可以对比记忆。涉外仲裁协议的法律适用比较重要，属于必须掌握的传统重点。

仲裁裁决的承认与执行是国际私法的特色内容，相对重要，考查频次相对较高。考查方式主要有：(1)综合考查有关执行涉外裁决的程序性规定，如执行涉外裁决时由谁提出申请，谁受理，谁审查，谁作出裁定，裁定驳回如何处理，等等。这要求考生熟练掌握《仲裁法》及相关司法解释中的涉外仲裁部分，以及《民事诉讼法》及其相关司法解释涉外部分的相关规定。(2)着重考查承认与执行外国裁决的条件，即哪些条件下可以拒绝承认与执行裁决。要重点掌握《承认及执行外国仲裁裁决公约》(以下简称1958年《纽约公约》)以及我国对外国仲裁裁决的承认与执行的具体规定，未来考查可能围绕《民事诉讼法》及其司法解释的涉外部分相关内容展开。

3 设题陷阱

陷阱一：混淆针对我国涉外仲裁机构作出的裁决与外国仲裁机构的裁决的承认与执行条件。国际商事仲裁裁决的承认与执行有两种：一种是法院承认本国仲裁机构作出的涉外仲裁裁决；另一种是法院承认与执行外国仲裁机构作出的仲裁裁决，在考试时要注意审题。针对我国涉外仲裁机构作出的裁决，我国《民事诉讼法》第291条规定："对中华人民共和国涉外仲裁机构作出的裁决，被申请人提出证据证明仲裁裁决有下列情形之一的，经人民法院组成合议庭审查核实，裁定不予执行：(一)当事人在合同中没有订有仲裁条款或者事后没有达成书面仲裁协议的；(二)被申请人没有得到指定仲裁员或者进行仲裁程序的通知，或者由于其他不属于被申请人负责的原因未能陈述意见的；(三)仲裁庭的组成或者仲裁的程序与仲裁规则不符的；(四)裁决的事项不属于仲裁协议的范围或者仲裁机构无权仲裁的。人民法院认定执行该裁决违背社会公共利益的，裁定不予执行。"针对外国仲裁机构的裁决，1958年《纽约公约》第5条作出了规定，详见下文试题解析。

陷阱二：临时仲裁裁决在承认与执行方面与常规仲裁裁决不同。临时仲裁是当事人根据仲裁协议，临时组成仲裁庭，根据一定的仲裁规则与程序对特定争议进行的仲裁。临时仲裁庭处理完争议案件即自动解散。1958年《纽约公约》规定，仲裁裁决不仅包括由为每一案件选定的仲裁员所作出的裁决，而且也包括由常设仲裁机构经当事人的提请而作出的裁决。我国相关司法解释也规定，如该裁决系临时仲裁庭作出的裁决，人民法院应按照公约以及我国相关规定进行承认与执行的审查。

真题快刷

考点一 仲裁协议

1 甲公司是在上海注册的美国独资企业，乙公司是香港特别行政区注册的企业，双方签订了买卖合同，约定该合同适用德国合同法，并约定该合同如有争议，则由总部位于巴黎的国际商事仲裁院在香港仲裁。双方在合同履行过程中果然发生了争议，则下列说法中正确的是：(2023年回忆版，多选)

A. 如果甲公司提起仲裁，则认定仲裁协议是否有效可以适用法国法

B. 如果甲公司提起仲裁，则认定仲裁协议是否有效可以适用香港法

C. 如果甲公司提起仲裁，则认定仲裁协议是否有效应适用该合同的准据法德国法

D. 如果甲公司提起仲裁，则认定仲裁协议是否有效应适用美国法

2 中国某公司与墨西哥某公司签订合同，约定合同一旦发生争议，则适用瑞士法，由北京仲裁委员会在新加坡仲裁。下列选项正确的是：(2022 年回忆版，单选)

A. 仲裁条款若依据新加坡法有效，依据中国法无效，应适用新加坡法

B. 若对仲裁规则有异议，应适用瑞士法

C. 若作出裁决，须向被执行人所在地或财产所在地中级人民法院申请执行

D. 北京仲裁委员会无法在新加坡仲裁，本条款无效

考点二 国际商事仲裁裁决的承认与执行

1 中国甲公司与日本乙公司的商事纠纷在日本境内通过仲裁解决。因甲公司未履行裁决，乙公司向某人民法院申请承认与执行该裁决。中日均为《纽约公约》缔约国，关于该裁决在中国的承认与执行，下列哪一选项是正确的？(2017 年，单选)

A. 该人民法院应组成合议庭审查

B. 如该裁决是由临时仲裁庭作出的，该人民法院应拒绝承认与执行

C. 如该人民法院认为该裁决不符合《纽约公约》的规定，即可直接裁定拒绝承认和执行

D. 乙公司申请执行该裁决的期间应适用日本法的规定

2 2015 年 3 月，甲国公民杰夫欲向中国法院申请承认并执行一项在甲国境内作出的仲裁裁决。中国与甲国均为《承认与执行外国仲裁裁决公约》成员国。关于该裁决的承认和执行，下列哪一选项是正确的？(2015 年，单选)

A. 杰夫应通过甲国法院向被执行人住所地或其财产所在地的中级人民法院申请

B. 如该裁决系临时仲裁庭作出的裁决，人民法院不应承认与执行

C. 如承认和执行申请被裁定驳回，杰夫可向人民法院起诉

D. 如杰夫仅申请承认而未同时申请执行该裁决，人民法院可以对是否执行一并作出裁定

(本章答案及解析见第 84 页)

第七章 国际民事诉讼

名师带练

1 考点考查统计

- 国际民事诉讼
  - 国际民事诉讼的一般规定
    - 外国人民事诉讼主体地位 * *
    - 国际民事诉讼管辖权 * * * * *
    - 国际民事诉讼期间、时效与保全 *
    - 国际民事诉讼与国际商事仲裁 * *
  - 国际司法协助 *

2 命题基本规律

我国《民事诉讼法》于2023年9月1日作了修订,其中对于涉外民事案件的管辖权、送达、取证、判决的承认与执行等问题均作了与原来不完全相同的规定,值得考生特别关注。国际民事诉讼部分考查的重点是我国对于民事案件管辖权的规定,近年来普通地域管辖、特别地域管辖、专属管辖、协议管辖、推定管辖、集中管辖均有涉及,这一部分除《民事诉讼法》及其司法解释中有关规定外,还要注意最高人民法院《关于人民法院受理涉及特权与豁免的民事案件有关问题的通知》《关于涉外民商事案件诉讼管辖若干问题的规定》等专门的司法解释。

国际司法协助部分考查重点是域外送达、域外取证、外国判决的承认与执行。这一部分内容重在考查相关公约的基本规定以及我国的司法实践,主要考查域外送达方式、取证方式及其程序性规定。

本部分考查方式主要有:(1)将民事诉讼相关内容与涉外民事关系法律适用结合在一起考查,即基于一个案例,既考查民事关系的法律适用,又考查相关的诉讼程序。(2)综合考查涉外民事诉讼的一般规定,如涉外诉讼语言文字、诉讼代理、调解书与判决书的制作、综合考查域外送达与域外取证等。(3)将国际民事诉讼与国际商事仲裁综合起来进行考查。

3 设题陷阱

陷阱一:混淆我国法院向外国送达司法文书与外国法院向我国送达司法文书的途径。详见下表总结:

序号	我国法院向外国送达的途径	外国法院向我国送达的途径
1	依照受送达人所在国与中华人民共和国缔结或者共同参加的国际条约中规定的方式送达	根据该国与我国之间条约所规定的途径送达
2	通过外交途径送达	与我国没有条约关系的,通过外交途径送达
3	对具有中华人民共和国国籍的受送达人,可以委托中华人民共和国驻受送达人所在国的使领馆代为送达	外国驻我国使领馆可以向其本国国民送达
4	向受送达人在本案中委托的诉讼代理人送达	—
5	向受送达人在中华人民共和国领域内设立的独资企业、代表机构、分支机构或者有权接受送达的业务代办人送达	—
6	受送达人为外国自然人,其在中华人民共和国领域内设立的企业担任法定代表人、公司董事、监事和高级管理人员的,向该企业送达	—
7	受送达人为外国自然人,其在中华人民共和国领域内有同住成年家属的,向其同住成年家属送达	—
8	受送达人为外国法人或非法人组织,其法定代表人或主要负责人在中华人民共和国领域内的,向其法定代表人或主要负责人送达	—
9	受送达人为在中华人民共和国领域外设立的独资企业,设立该独资企业的自然人、法人或非法人组织在中华人民共和国领域内的,向该自然人、法人或非法人组织送达	—
10	受送达人所在国的法律允许邮寄送达的,可以邮寄送达,自邮寄之日起满3个月,送达回证没有退回,但根据各种情况足以认定已经送达的,期间届满之日视为送达	—

续表

序号	我国法院向外国送达的途径	外国法院向我国送达的途径
11	采用传真、电子邮件、即时通讯工具、特定电子系统等能够确认受送达人收悉的方式送达,受送达人所在国法律禁止的除外	—
12	以受送达人同意的其他方式送达,受送达人所在国法律禁止的除外	—
13	不能用上述方式送达的,公告送达,自发出公告之日起,经过60日,即视为送达。经当事人书面申请,在公告送达不少于60日且不影响受送达人诉讼权利的情况下,上述送达方式可以和公告送达方式同时进行	—

陷阱二:司法协助中无视法院地公共秩序。尽管国际民事诉讼处理的是私法领域的案件,但国家诉讼行为却是公法意义上的行为,因此在掌握以上规范时,要注意我国的主权与公共秩序问题,关于诉讼程序性的规范要遵循属地法优先的原则。关于实体法律问题,在条约和互惠的基础上,尊重原审法院的判决,但如果执行该判决危及法院地公共秩序,则不予执行。

真题快刷

考点一 国际民事诉讼的一般规定

1 中国甲公司想收购M国乙公司,与M国丙律所驻北京代表处签订代理协议,委托M国律所在当地核实乙公司信息,并依核实后的信息完成了对M国乙公司的收购。后甲公司发现M国律所提交的核实资料有问题,遂向中国某法院对M国律所提起诉讼,若各方当事人没有就法律适用达成协议,下列哪些判断是正确的?(2022年回忆版,多选)

A. 甲公司和M国律所之间的民事关系应适用中国法

B. M国律所代理核实乙公司信息的行为是否有效应适用M国法律

C. 中国法院可向M国律所驻北京代表处送达本案司法文书

D. M国律所可委托本所的M国律师以律师身份在中国法院应诉

2 中国甲公司与英国乙公司签订在渤海湾勘探开发海底石油资源的合同。关于该合同履行产生的纠纷,下列选项正确的是哪项?(2021年回忆版,单选)

A. 两公司的纠纷在我国只能通过诉讼方式解决

B. 因合同在海上履行,该纠纷应适用《联合国海洋法公约》

C. 两公司可约定将纠纷提交新加坡国际仲裁中心仲裁解决

D. 两公司可协议选择由英国法院审理此案

3 中国人张某在韩国首尔出差时在金达公司购买了一箱"野生高丽参",回国后经鉴定该高丽参系人工养殖,遂引发纠纷。经查,金达公司在中国既无住所,也未从事过相关经营活动,但在大连有可供扣押的房产。根据我国相关的法律规定,下列哪些说法是正确的?(2021年回忆版,多选)

A. 本纠纷应在韩国法和中国法中适用对张某有利的法律

B. 如张某在大连起诉,我国法院有管辖权

C. 本纠纷应适用韩国法

D. 如张某在大连起诉,我国法院能否管辖取决于金达公司的意思表示

4 德国英海公司与韩国致远公司协议将合同纠纷提交中国国际商事法庭管辖。依中国法律

规定及司法实践,下列哪一选项是正确的?(2020 年回忆版,单选)

A. 因为国际商事法庭是最高人民法院的内设机构,所以不能由当事人协议管辖

B. 国际商事法庭应当先委托商事专家委员会调解

C. 如果案件与中国无密切实际联系,则中国法院无管辖权

D. 为使判决书无异议,合议庭少数意见不应写入笔录

考点二 国际司法协助

1 蒙古国公民高娃因民事纠纷在蒙古国某法院涉诉。因高娃在北京居住,该蒙古国法院欲通过蒙古国驻华使馆将传票送达高娃,并向其调查取证。依中国法律规定,下列哪一选项是正确的?(2016 年,单选)

A. 蒙古国驻华使馆可向高娃送达传票

B. 蒙古国驻华使馆不得向高娃调查取证

C. 只有经中国外交部同意后,蒙古国驻华使馆才能向高娃送达传票

D. 蒙古国驻华使馆可向高娃调查取证并在必要时采取强制措施

2 当事人欲将某外国法院作出的民事判决申请中国法院承认和执行。根据中国法律,下列哪一选项是错误的?(2012 年,单选)

A. 该判决应向中国有管辖权的法院申请承认和执行

B. 该判决应是外国法院作出的发生法律效力的判决

C. 承认和执行该判决的请求须由该外国法院向中国法院提出,不能由当事人向中国法院提出

D. 如该判决违反中国的公共利益,中国法院不予承认和执行

(本章答案及解析见第 87 页)

第八章 中国的区际司法协助

名师带练

1 考点考查统计

中国的区际司法协助:

- 大陆与台湾地区相互认可和执行民事判决 *
- 大陆与台湾地区之间民商事案件司法文书的送达、取证 *
- 内地与港、澳特区之间民商事案件司法文书的送达、取证 *
- 内地与香港特区相互认可和执行民商事案件判决或仲裁裁决 *
- 内地与澳门特区相互认可和执行民商事判决或仲裁裁决 *

2 命题基本规律

区际法律冲突属于一国国内不同法域之间的冲突,目前,我国内地(大陆)与香港特别行政区、

澳门特别行政区主要通过一些双边安排及司法解释处理送达、取证、民事判决或仲裁裁决的承认与执行等区际司法协助问题。大陆与台湾地区尚无正式的区际司法协助的双边安排,一般是基于最高人民法院的司法解释来处理与台湾地区的司法协助问题。从近几年命题情况看,前述涉港澳台的区际司法协助是常考的考点,应注意通过比较、归纳的方法加以掌握。

3 设题陷阱

陷阱:内地与香港特别行政区和澳门特别行政区的民事判决的认可与执行采用相同的规则。

(1)《关于内地与香港特别行政区法院相互认可和执行民商事案件判决的安排》

申请地	管辖法院	被申请人在两地均有财产的	申请期限及程序、文字	部分认可和执行/申请认可与内地重新起诉发生冲突的处理(对申请认可与执行的审查优先)
在内地申请	向申请人住所地或被申请人住所地、财产所在地的中级人民法院提出,向两个以上有管辖权的法院提出申请,由最先立案的法院管辖	可同时分别申请,两地法院执行财产的总额,不得超过判决确定的数额	申请认可和执行判决的期间、程序和方式,应当依据被请求方的法律;向内地人民法院提交的文件没有中文文本的,应当提交准确的中文译本	不能对判决的全部判项予以认可和执行时,可认可和执行其中的部分判项 在审理民商事案件期间,当事人申请认可和执行另一地法院就同一争议作出的判决的,应当受理,有关诉讼应当中止,待就认可和执行的申请作出裁定后,再视情终止或者恢复诉讼 审查认可和执行判决申请期间,当事人就同一争议提起诉讼的,不予受理;已经受理的,驳回起诉
在香港(不包括司法复核案件)申请	向香港高等法院提出		向香港申请的,则未规定必须提交中文文本	

(2)《内地与澳门特别行政区相互认可与执行民商事判决的安排》

送达申请地	主体	案件范围	文字	程序	保全措施
内地	被申请人住所地、经常居住地或者财产所在地的中级人民法院	民事、刑事案件中有关民事损害赔偿的判决、裁定;劳动争议	盖章的中文委托书、中文	向一地法院申请执行的同时,可向另一地法院申请查封	可据被请求方法律,申请采取保全措施
澳门	认可判决申请的法院为中级法院,有权执行的法院为初级法院	同上	同上	同上	同上

真题快刷

考点一 内地与香港、澳门特区民事判决或仲裁裁决的相互认可与执行

澳门特区居民甲在澳门特区法院起诉了内地公民乙并获得胜诉的判决,已知乙在澳门特区和内地均有财产,甲欲申请强制执行。下列说法中正确的是:(2023 年回忆版,多选)

A. 甲如果在内地申请认可和执行澳门特区法院的判决,则应在乙住所地、经常居住地或者财产所在地的中级人民法院之中选择其一提出申请

B. 澳门特区法院在审理甲提起的诉讼过程中如果委托内地有关法院送达司法文书,应通过内地与澳门特区司法协助网络平台以电子方式转递;不能通过司法协助网络平台以电子方式转递的,采用邮寄方式

C. 澳门特区法院在审理某甲提起的诉讼过程中如果需要调取内地的证据,应由澳门特区终审法院直接向乙住所地、经常居住地或者财产所在地的中级人民法院提出委托,调取证据时发生任何费用均由内地人民法院承担

D. 甲可以在澳门特区法院判决生效后同时在澳门特区和内地法院提出执行的申请

考点二 大陆与台湾地区民事判决的相互认可与执行

秦某与洪某在台北因合同纠纷涉诉,被告洪某败诉。现秦某向洪某财产所在地的大陆某中级人民法院申请认可该台湾地区的民事判决。关于该判决的认可,下列哪些选项是正确的?(2015年,多选)

A. 人民法院受理秦某申请后,应当在6个月内审结

B. 受理秦某的认可申请后,作出裁定前,秦某要求撤回申请的,人民法院应当允许

C. 如人民法院裁定不予认可该判决,秦某可以在裁定作出一年后再次提出申请

D. 人民法院受理申请后,如对该判决是否生效不能确定,应告知秦某提交作出判决的法院出具的证明文件

(本章答案及解析见第89页)

国际经济法

关于国际经济法客观题的考试说明

一、命题基本规律

2016 年、2017 年，国际经济法部分题量一般占试卷一的 12% 左右，即为 8～10 道题，分值在 11～15 分，占试卷一的 11% 左右。其中单项选择题的数量一般为 5 道，多项选择题和不定项选择题的数量为 3～5 道。

在 2018 年以后的国家统一法律职业资格考试中，国际经济法部分考试的题型包括单项选择题、多项选择题，分值约 6 分。

国际经济法是调整国际经济活动和国际经济关系的法律规范的总和，即调整国际经济交往中关于商品、技术、资本、服务在跨国流通中的法律规范和法律制度的总称。从总体上来看，国际经济法是一个独立的法律部门。国际经济法包括国际贸易法、国际投资法、国际融资法、知识产权的国际保护、国际税法、世界贸易组织（WTO）的法律制度及政府对外贸易管制等众多知识点，内容庞杂，涉及大量的国际公约和惯例。

从法律职业资格考试改革后的试题来看，国际经济法考试重点集中在国际贸易法部分，每年的多项选择题或不定项选择题几乎都有考查这部分的试题。其他法律制度部分的考查一般都以单项选择题或多项选择题的形式出现，而且考查的都是该领域最为基本的、常识性的内容，难度不大，往往与时政有一定结合。WTO 法律制度虽然是考查的热点，但是考查的内容也比较基础。随着国际经济形势变化，我国对外贸易管制也在不断加强，此部分在今后的复习中不可忽视。

二、复习技巧

国际贸易法部分的考题大多相当灵活，仅看法条是不够的，考生必须认真学习有关的理论。《联合国国际货物销售合同公约》（本部分以下简称《公约》）和《2020 年国际贸易术语解释通则》（本部分以下简称《2020 年通则》）是该部分的重点所在，历年的考查次数极高。所以反复演练历年试题对复习很有帮助，可以说是复习的捷径之一。我国《民法典》中的合同编和《海商法》都是与国际接轨的，同国际公约的规定类似，因此，只要国内法掌握得好，在分析案例或是做其他题目时尽可以套用，不必去背大量的公约。政府对外贸易管制和 WTO 制度两部分，考生可以将二者结合起来复习。要适当关注我国涉及的对外贸易摩擦，其法律性质及我国采取的应对措施往往是当年考查的重点。

鉴于国际经济法部分的命题特点，本部分在编写时将综合考查的案例基本上归在国际货物买卖和国际货物运输、保险部分来解析。由于在有的案例题中，这几个部分结合得很紧密，将其归入某一部分很难反映出这类题目的特点，所以在已考考点的统计当中，特别将这类题目单独列为一项，以便于考生参考。

第一章　国际货物买卖

名师带练

1　考点考查统计

- 国际货物买卖
  - 国际贸易术语
    - CFR *
    - FCA *
    - CIF *
    - CIP *
    - DPU *
  - 《公约》
    - 公约的适用 * *
    - 买卖合同双方的权利义务 * *
    - 风险转移 * * *
    - 违约救济 * *

2　命题基本规律

国际货物买卖部分是考试的重点内容，该部分平均每年有 2 道题目。考查方向主要包括《公约》和《2020 年通则》。其中，《公约》的性质是国际条约，对缔约国有约束力；《2020 年通则》的性质是国际惯例，只有在当事人选用时方产生约束力。

本部分考查的特点是以案例形式出现，考查综合性较强，考查方式主要有：(1)单独考查某一特定术语或公约中某特定知识，此类考查一般限于重要的术语或《公约》中重要的知识，如 F 组与 C 组术语、《公约》的适用范围、《公约》的卖方义务等；(2)综合考查《公约》与术语，主要涉及买卖双方的义务以及风险转移；(3)综合考查《公约》/术语与国际货物运输，主要涉及风险转移以及承运人责任等。

贸易术语是国际贸易法综合案例的基础，如果不能确定买卖双方谁负责运输、谁负责运输保险，案例分析将无从谈起。FOB、CIF、CFR 仍将是案例中考查的重点术语，对于其中的卖方责任、运输费用承担、保险费用承担、风险转移界点都要熟练掌握。在此基础上，其他贸易术语的主要特点也要掌握。

对《公约》的考查一般集中在《公约》的适用范围、买卖双方的权利义务(特别是卖方的担保义务)、违约救济与免责等。这部分内容是《公约》中较为有特色的规定，从近年来的考试范围来看，基本全部覆盖到了。至于《公约》中关于买卖合同成立、要约与承诺的条件等内容，与我国《民法典》合同编中的相关规定十分类似,考生对比记忆,往往可以取得事半功倍的效果。

需要特别指出的是,在国际货物贸易过程中,国际货物的买卖、运输、支付、保险是紧密结合在一起的,要将各部分的知识点融会贯通才能以不变应万变。

3 设题陷阱

陷阱一:混淆术语的风险转移界点、适用运输方式等。《2020 年通则》自 2020 年起生效,术语分为适用于各种运输方式和水运两类,一类是适用于任何运输方式,包括 EXW、FCA、CPT、CIP、DPU、DAP、DDP;另一类是适用水上运输,包括 FAS、FOB、CFR、CIF。常考术语总结详见下表:

名称	交货地点	风险转移	运输	保险	出口手续	进口手续
FOB(船上交货)	装运港船上	装上船	买方	(买方)	卖方	买方
CFR(成本加运费)	装运港船上	装上船	卖方	(买方)	卖方	买方
CIF(成本保费运费)	装运港船上	装上船	卖方	卖方	卖方	买方
DPU(目的地交货)	目的地卸货	交货时	卖方	(卖方)	卖方	买方
DAP(目的地交货)	指定目的地	交货时	卖方	(卖方)	卖方	买方

陷阱二:混淆《公约》约定的风险转移与术语的风险转移。根据《公约》的规定,如果销售合同涉及货物的运输,但卖方没有义务在某一特定地点交付货物,自货物按照销售合同交付给第一承运人以转交给买方时起,风险就移转到买方承担。如果卖方有义务在某一特定地点把货物交付给承运人,在货物于该地点交付给承运人以前,风险不移转到买方承担。卖方保留控制货物处置权的单据,并不影响风险的移转。因此,如果双方约定选择了术语,则依据术语判断风险转移界点,如果未作约定,则依据《公约》判定。

真题快刷

考点一 国际贸易术语

1 中国的前锋公司与甲国的科德公司签订出售一批精密仪器(该种精密仪器属于中国出口管制清单内的物项)的合同,约定采用《2020 年国际贸易术语解释通则》的 CIP 术语,分两批发货。第一批货物交付后,前锋公司发现科德公司在其他交易中出现资金链断裂的情况,遂在通知对方后中止了第二批货物的交付。中国和甲国均为《联合国货物销售合同公约》缔约国。下列说法中正确的是:(2023 年回忆版,单选)

A. 如科德公司提供充分保证,则前锋公司应继续履行第二批货物的交付义务

B. 因双方约定承运人装货后向前锋公司签发已装船提单,故前锋公司应在装运港完成交货

C. 前锋公司已为精密仪器申请了出口许可,科德公司收到货物后,可以自行决定转卖给第三国的企业而不受约束

D. 因双方采用的是 CIP 术语,故前锋公司应为所销售的货物投保平安险

2 中国上海甲公司与 A 国乙公司签订选择了《2020 年国际贸易术语解释通则》中的 CFR 术语的合同,出口某种属于两用物项的货物,双方约定货物运输前存放在甲公司位于上海的 B231 仓库,乙公司为该批货物最终用户。下列哪一选项是正确的?(2022 年回忆版,单选)

A. 上海的 B231 仓库为该批货物的交货地点　B. 甲公司应为该批货物的出口申请许可

C. 乙公司应当为该批货物投保平安险　D. 乙公司收到货物后可向第三方转卖

3 中国 A 公司从甲国 B 公司处进口一批电子设备，合同中约定了设备规格，适用 DPU（《2020 年国际贸易术语解释通则》），履行过程中 B 公司寄来样品，请 A 公司收到样品后确认依样品履行，A 公司确认样品收到并回复“请依合同履行”，设备到货后与样品相符，但与合同不符，A 公司要 B 公司承担违约责任。AB 两公司均为《联合国国际货物销售合同公约》的缔约国，信用证付款。下列选项正确的是：（2020 年回忆版，不定项）

A. 甲国 B 公司应承担违约责任，因其交付的设备不符合合同约定规格

B. 甲国 B 公司不应承担违约责任，因其交付的设备与其提供的样品相符

C. 本案货物风险自货交第一承运人时转移

D. 甲国 B 公司须在指定装运地的任何地点交货

考点二　国际货物销售合同公约

1 甲国瑞尼尔公司从乙国绿地公司进口三批粮食，合同选用《2020 年国际贸易术语解释通则》的 CIF 术语。第一批粮食正常发货后，乙国遭遇台风，致使后两批粮食不能发运，存放在仓库。绿地公司认为，其遭遇了不可抗力，可以免责。两国均为《联合国国际货物销售合同公约》的成员国，下列说法正确的是：（2021 年回忆版，单选）

A. 若后两批货物无法交付，甲国瑞尼尔公司可宣告合同无效

B. 若后两批货物无法交付，乙国绿地公司通知甲国瑞尼尔公司后，即可解除合同

C. 保险人应承担后两批粮食不能交付的赔偿责任

D.《联合国国际货物销售合同公约》规定了遭遇不可抗力一方的通知义务

2 中国伟业公司与甲国利德公司签订了采取铁路运输方式从中国出口一批货物的合同。后甲国法律发生变化，利德公司在收货后又自行将该批货物转卖到乙国，现乙国一公司声称该批货物侵犯了其知识产权。中国和甲国均为《联合国国际货物销售合同公约》和《国际铁路货物联运协定》缔约国。依相关规则，下列哪一选项是正确的？（2017 年，单选）

A. 伟业公司不承担该批货物在乙国的知识产权担保义务

B. 该批货物的风险应于订立合同时由伟业公司转移给利德公司

C. 铁路运输承运人的责任期间是从货物装上火车时起至卸下时止

D. 不同铁路运输区段的承运人应分别对在该区段发生的货损承担责任

3 中国甲公司与德国乙公司签订了进口设备合同，分三批运输。两批顺利履约后乙公司得知甲公司履约能力出现严重问题，便中止了第三批的发运。依《联合国国际货物销售合同公约》，下列哪一选项是正确的？（2016 年，单选）

A. 如已履约的进口设备在使用中引起人身伤亡，则应依公约的规定进行处理

B. 乙公司中止发运第三批设备必须通知甲公司

C. 乙公司在任何情况下均不应中止发运第三批设备

D. 如甲公司向乙公司提供了充分的履约担保，乙公司可依情况决定是否继续发运第三批设备

（本章答案及解析见第 91 页）

第二章 国际货物运输与保险

名师带练

1 考点考查统计

- 国际货物运输与保险
  - 提单
  - 其他运输方式
    - 国际铁路运输 *
    - 多式联运 *
  - 国际货物运输与保险综合
    - 承运人责任 *
    - 海上货物运输保险承保范围及其除外责任 *

2 命题基本规律

本部分是考查的重点内容，平均每年有 1 ~ 2 道题目，重复考查可能性大，需要熟练掌握。本部分的考查方向主要是国际货物运输中的班轮运输、信用证机制中提单、国际货物运输保险三个主要险别及其除外责任。

本部分以案例形式考查为主，考查方式主要有：(1)综合考查国际货物运输与保险，即要求考生分析，在货物发生损失的情况下，承运人负责赔偿还是保险公司负责赔偿。承运人是否负责赔偿主要看依据的公约，《海牙规则》和我国《海商法》在承运人责任基础上都采取了“不完全过失责任”，又称“航行过失免责”。相对于一般民事责任的“过错”原则，“不完全过失责任”为承运人提供了更大的保护，即对船长、船员、引航员或者承运人的其他受雇人在驾驶船舶或者管理船舶中的行为、疏忽或不履行职责而造成的货物损失，承运人可以免责。除此之外，承运人的其他免责事项遵循民事责任的过错原则。保险公司是否负责赔偿主要看投保的险别，平安险、水渍险和一切险的承保范围是层层涵盖的，平安险的承保范围最小，又称“单独海损不赔”。(2)一并考查国际货物运输(特别是班轮运输)、国际货物运输保险、信用证独立性原则。个别选项中可能涉及提单的法律属性和基本分类。(3)一并考查贸易术语、国际货物运输、保险、信用证独立性原则。

3 设题陷阱

陷阱一：混淆不同提单的转让方式。依收货人的抬头不同，可对提单进行分类，详见下表：

提单类型	表现形式	货物交付人	流通性
记名提单	提单正面载明收货人名称	由托运人指定，承运人只能向该收货人、背书转让的提单持有人交付货物	一般不能转让，我国规定不得转让

续表

提单类型	表现形式	货物交付人	流通性
不记名提单	提单正面未载明收货人名称,收货人一栏中空白不填或填写“持有人”的字样	承运人应向提单的持有人交付货物	无须背书,交付转让
指示提单	提单正面载明凭指示交付货物。在收货人一栏中填写“凭指示”字样的提单叫不记名指示提单,在收货人一栏中填写“凭某某指示”的提单为记名指示提单	承运人应向承运人指定的人或者向提单的持有人交付货物	记名背书转让或者空白背书转让

陷阱二:混淆承运人免责与保险的除外责任。航行过失免责适用于承运人,而不是保险人。船长驾船过失导致的货物损失,属于意外事故造成的损失,属于平安险的保险范围。

真题快刷

考点一 提单

中国企业采购国外货物,合同约定交货时间不得晚于6月1日,实际交货时间是6月15日,卖方出具保函换取了承运人签发的注明6月1日完成装船的提单。下列哪些判断是正确的?(2021年回忆版,多选)

A. 本案提单属于预借提单

B. 如买方向中国有管辖权的法院申请止付令,即使银行已经付款,法院也能止付

C. 本案提单属于倒签提单

D. 买方有权主张信用证欺诈,向中国有管辖权的法院申请止付令

考点二 其他运输方式

中国甲公司向波兰乙公司出口一批电器,采用DAP术语,通过几个区段的国际铁路运输,承运人签发了铁路运单,货到目的地后发现有部分损坏。依相关国际惯例及《国际铁路货物联运协定》,下列哪些选项是正确的?(2016年,多选)

A. 乙公司必须确定损失发生的区段,并只能向该区段的承运人索赔

B. 铁路运单是物权凭证,乙公司可通过转让运单转让货物

C. 甲公司在指定目的地运输终端将仍处于运输工具上的货物交由乙公司处置时,即完成交货

D. 各铁路区段的承运人应承担连带责任

考点三 国际货物运输与保险综合

1 甲公司和乙公司签订销售一批货物的买卖合同,合同约定采用《2020年国际贸易术语解释通则》中的CIF术语,甲公司与丙公司签订了运输合同(适用《海牙规则》),并为该批货物投保。货物装船后,由于丙公司船长的过失,该船与第三国的丁公司船舶碰撞并产生货损。下列选项正确的是:(2023年回忆版,多选)

A. 如果没有另行约定,则卖方有义务为该批货物投保平安险

B. 对于碰撞所导致的货损,乙公司有权向保险公司索赔

C. 货损是由于丙公司船长过失导致的碰撞引起的,故应由承运人丙公司承担

D. 对于碰撞所导致的货损,应由乙公司自行承担

2 中国长诚公司与西班牙甲公司签订合同进口一批货物，合同选用了《2020年国际贸易术语解释通则》中的CIF术语，同时约定甲公司应为该批货物投保水渍险。甲公司将货物交承运人装船后，承运人签发了清洁提单（选用《海牙规则》）。后在海运途中货物因遭遇恶劣天气部分毁损，下列哪项判断是正确的？（2021年回忆版，单选）

A. 甲公司应为该批货物投保一切险　　B. 承运人应赔偿货物损失

C. 保险公司应赔偿货物损失　　D. 因货物部分毁损，中国长诚公司有权要求减价

3 中国某公司进口了一批仪器，采取海运方式并投保了水渍险，提单上的收货人一栏写明"凭指示"的字样。途中因船方过失致货轮与他船相撞，部分仪器受损。依《海牙规则》及相关保险条款，下列哪一选项是正确的？（2017年，单选）

A. 该提单交付即可转让

B. 因船舶碰撞是由船方过失导致，故承运人应对仪器受损承担赔偿责任

C. 保险人应向货主赔偿部分仪器受损的损失

D. 承运人的责任期间是从其接收货物时起至交付货物时止

（本章答案及解析见第94页）

第三章　国际贸易支付

名师带练

1 考点考查统计

- 国际贸易支付
  - 信用证
    - 信用证欺诈以及止付 *
    - 备用信用证 *
  - 国际贸易综合：国际货物运输、保险、支付综合考查 * *

2 命题基本规律

国际贸易支付部分在每年的考试中一般有1道题目。考查方向主要是信用证，个别情况下可能涉及汇票和托收。

本部分考查方式主要是小案例：(1)集中考查信用证独立性原则及其例外。在信用证机制中，银行提供了独立的信用，只要卖方提交的单据与信用证的要求相符，就承担独立于买方的付款责任。银行在审单时必须坚持"单内一致、单单一致、单证一致"的原则。值得注意的是，银行不是货物买卖的专家，因此，这种单证的审查只是一种表面上的、形式上的审查。信用证一旦开出，便独立于买卖合同、独立于货物状况、独立于双方的履约状况，无论单据的真伪。(2)考查信用证的欺诈。信用证欺诈与信用证止付密切相关，一般而言，信用证欺诈是止付的前提条件，但也存在例外的情形。信用证欺诈的认定与止付的例外是经常设置的考点。我国对信用证止付问题的司法解释是我国信用证有关案件的司法实践新发展，重复考查的可能性较大。(3)综合考查国际货物买卖、运输、

保险、支付,考查的主要内容仍围绕各自部分的重点,是未来考查的主要形式。

3 设题陷阱

陷阱一:信用证欺诈下开证行应无条件止付。信用证止付的核心是存在欺诈,即存在信用证欺诈的情况下原则上是可以止付的,但是存在例外。信用证止付的例外情形有:(1)开证行的指定人、授权人已按照开证行的指令善意地进行了付款;(2)开证行或者其指定人、授权人已对信用证项下票据善意地作出了承兑;(3)保兑行善意地履行了付款义务;(4)议付行善意地进行了议付。

陷阱二:开证申请人接受的不符点开证行也需要接受。开证行有独立审查单据的权利和义务,发现信用证项下存在不符点后,可以自行决定是否联系开证申请人接受不符点。开证申请人决定是否接受不符点,并不影响开证行最终决定是否接受不符点。开证行和开证申请人另有约定的除外。

陷阱三:银行要审查单证相符,因此仅对单据的真实性与完整性负责。银行对任何单据的形式、完整性、准确性、真实性或法律效力,以及对单据上所载的或附加的一般及/或特殊条件概不负责。

真题快刷

考点一 信用证

在一国际贷款中,甲银行向贷款银行乙出具了备用信用证,后借款人丙公司称贷款协议无效,拒绝履约。乙银行向甲银行出示了丙公司的违约证明,要求甲银行付款。依相关规则,下列哪些选项是正确的?(2016 年,多选)

A. 甲银行必须对违约的事实进行审查后才能向乙银行付款

B. 备用信用证与商业跟单信用证适用相同的国际惯例

C. 备用信用证独立于乙银行与丙公司的国际贷款协议

D. 即使该国际贷款协议无效,甲银行仍须承担保证责任

考点二 国际贸易综合

1 中国甲公司和法国乙公司签订货物买卖合同,约定甲公司向乙公司购买一批农产品,并选择了《2020 年国际贸易术语解释通则》中的 CIF 术语,采用信用证的方式付款。法国乙公司投保了平安险,并签订运输合同将货物交由丙公司承运。乙公司在发货后向银行提交的相关单据中,有两项单据之间在表面上不完全一致,但并不导致相互之间产生歧义,开证行接受了单据并予以支付。货物在运输途中遭遇严重的自然灾害而推定全损。下列说法中正确的是:(2023 年回忆版,多选)

A. 如果甲公司向保险公司提出委付,保险公司可以接受委付,也可以不接受委付

B. 本案中如果买卖双方选择了《2020 年国际贸易术语解释通则》中的 FCA 术语,则乙公司无义务为所销售的货物投保

C. 乙公司提交的单据中,有两项单据之间虽然在表面上不完全一致,但如果并不导致相互之间产生歧义,则不构成不符点

D. 由于该批货物已经推定全损,中国甲公司有权拒绝支付货款

2 美国甲公司与中国乙公司签订了向后者销售大豆的买卖合同,约定采用《2020 年国际贸易术语解释通则》中的 CIF 术语,乙公司应采用信用证方式支付。合同签订后,乙公司申请中国丁银行开出了信用证(适用 UCP600),该信用证经中国戊银行保兑。甲公司将货物交由承运人丙公司

负责运输,丙公司收货后签发了指示提单。下列选项中表述正确的是:(2022 年回忆版,单选)

A. 丁银行收到甲公司提交的单据后,如果经审单发现单单不符,则可自行决定是否联系开证申请人放弃不符点

B. 本案中承运人签发的是指示提单,此种提单交付即可转让

C. 如果丁银行在付款之前破产,则戊银行可以以此为由对受益人主张免除付款责任

D. 如果乙公司发现甲公司交付的大豆存在严重的质量问题,则即便单据与信用证的要求相符,也有权要求开证行停止付款

3 中国云海公司向某国的哈瑞公司出口一批与两用物项相关的精密设备,合同选用《2020 年国际贸易术语解释通则》的 CIF 术语,信用证支付,信用证中注明“暂不生效,待进口许可证签发后生效”。根据《出口管制法》与信用证规则,下列哪一选项符合要求?(2021 年回忆版,单选)

A. 因为是精密设备,故云海公司有义务投保最高险种

B. 信用证为云海公司顺利结汇提供了充分的保证

C. 若该设备被列入出口管制清单,则未经中国相关部门许可,作为最终用户的哈瑞公司不得擅自改变该设备的最终用途或向第三方转让

D. 若中国云海公司未在出口管制清单中查到该设备,则可以直接出口

(本章答案及解析见第 96 页)

第四章　对外贸易管制

名师带练

1 考点考查统计

- 对外贸易管制
  - 反倾销
    - 倾销与损害的确定 * *
    - 反倾销调查 * *
    - 反倾销措施 * * *
  - 反补贴
    - 补贴及专项补贴 *
    - 反补贴的调查 *
    - 反补贴措施 *
  - 保障措施
    - 损害的调查与确定 *
    - 保障措施的实施 *
  - 对外贸易管制一般规定
    - 《出口管制法》*

2 命题基本规律

本部分主要包括对外贸易管制与对外贸易救济两部分内容，从近几年的试题看，全部集中考查对外贸易救济措施，平均每年有 1 道题目。考查内容比较基础，几乎直接援引《对外贸易法》《外商投资法》《反倾销条例》《反补贴条例》《保障措施条例》的规定。特别需要提醒考生的是，2020 年 10 月，我国出台了《出口管制法》，该法规定了我国出口管制的对象、主体、体制、管制措施，以及关于两用物项、军品出口的特别管理，是一部统领我国出口管制工作的法律，是未来的考查热点。

考查方式主要有：(1)单独考查反倾销、反补贴、保障措施中的不同知识点，如综合考查反倾销税额、期限、措施、临时反倾销税等，考查反倾销的调查与执行等程序性规定，考查保障措施的前提条件及限制措施等。(2)综合考查反倾销、反补贴和保障措施。以案例的形式要求考生判断可以采取反倾销、反补贴和保障措施中哪种对外贸易救济措施。要掌握三者的适用范围、构成要件、调查程序和措施。注意三者的区别：反倾销适用的前提是产品的出口价格低于正常价值并造成损害；反补贴适用的前提是实施了专向补贴并造成损害；而保障措施则以进口数量增加并对国内产业造成了严重损害或严重损害的威胁为前提，但保障措施的实施必须是非歧视性的。(3)考查新出台的相关规定与热点事件。

随着国际贸易摩擦的增加，我国运用上述法律法规管制对外贸易的情况逐年增加，也日益频繁地见诸新闻报道，考虑到考试结合时政的特点，本部分将继续成为考查的热点。

3 设题陷阱

陷阱一：混淆反倾销、反补贴、保障措施的认定、措施等。对外贸易救济措施主要包括反倾销、反补贴和保障措施。三者均是保护国内产业的合法手段，要掌握三者的适用范围、构成要件、调查程序和措施，其对比见下表：

区别项	反倾销	反补贴	保障措施
定义	在正常贸易过程中进口产品以低于其正常价值的出口价格进入进口国市场	出口国(地区)政府或者其任何公共机构提供的并为接受者带来利益的财政资助以及任何形式的收入或者价格支持	进口产品数量增加，并对生产同类产品或者直接竞争产品的国内产业造成严重损害或者严重损害威胁的，可以对这种产品的进口采取数量限制、提高关税等措施，以便国内受到影响的产业进行调整，适应新竞争
构成要件	存在倾销，即进口产品的出口价格低于正常价值	存在补贴，即存在专向性补贴	进口产品数量增加
	造成损害，即对国内已经建立的相关产业造成实质损害或者产生实质损害的威胁，或者对国内建立相关产业造成实质阻碍	造成损害，即对国内已经建立的相关产业造成实质损害或者产生实质损害的威胁，或者对国内建立相关产业造成实质阻碍	造成损害，对生产同类产品或者直接竞争产品的国内产业造成严重损害或者严重损害威胁
	倾销与损害之间有因果联系	补贴与损害之间有因果联系	进口产品数量增加与损害之间有因果联系
措施	临时措施	临时措施	临时保障措施
	价格承诺	出口商及出口国(地区)政府承诺	数量限制及其他
	反倾销税	反补贴税	提高关税

陷阱二：误将价格承诺作为实施反倾销的必经程序。倾销进口产品的出口经营者在反倾销调查期间，可以向商务部作出改变价格或者停止以倾销价格出口的价格承诺。商务部可以向出口经营者提出价格承诺的建议。商务部不得强迫出口经营者作出价格承诺。出口经营者不作出价格承诺或者不接受价格承诺的建议的，不妨碍对反倾销案件的调查和确定。

真题快刷

考点一　反倾销

1 甲、乙两国的某产品在中国存在倾销行为，国内产业向中国商务部提出调查申请后，商务部公告宣布启动反倾销调查，甲、乙两国的该产品在中国国内市场的占有率为3%，商务部在作出初步裁定后向甲、乙两国的出口经营者提出价格承诺的建议。下列说法正确的是：(2023 年回忆版，单选)

A. 对于中国商务部提出价格承诺的建议，如果甲、乙两国的出口经营者拒绝接受，则应接受不利的调查后果

B. 由于甲、乙两国的被调查产品在中国产业市场的占有率超过2%，因此，中国商务部应在调查时对被调查产品对国内产业造成的影响实施累积评估

C. 如果中国商务部经过调查后作出的终局裁定的反倾销税率高于初步裁定的税率，进口经营者应补缴差额

D. 如果中国商务部经过调查后作出的终局裁定的反倾销税率高于初步裁定的税率，进口经营者无须补缴差额

2 甲国某公司向中国出口一类商品，因价格过低涉及反倾销被商务部调查，该出口商向商务部作出价格承诺，以下选项正确的是：(2020 年回忆版，多选)

A. 若该公司违反价格承诺，则商务部可以立即恢复反倾销调查

B. 若商务部拒绝该公司的价格承诺，应当告知理由

C. 该出口经营者针对商务部的复审可以提起行政诉讼

D. 出口商不得就价格承诺复审提起行政诉讼

3 甲、乙、丙三国生产卷钢的企业以低于正常价值的价格向中国出口其产品，代表中国同类产业的 8 家企业拟向商务部申请反倾销调查。依我国《反倾销条例》，下列哪一选项是正确的？(2017 年，单选)

A. 如支持申请的国内生产者的产量不足国内同类产品总产量 25% 的，不得启动反倾销调查

B. 如甲、乙、丙三国的出口经营者不接受商务部建议的价格承诺，则会妨碍反倾销案件的调查和确定

C. 反倾销税的履行期限是 5 年，不得延长

D. 终裁决定确定的反倾销税高于已付的临时反倾销税的，差额部分应予补交

考点二　反补贴

1 中国三个企业针对甲、乙、丙国对于某特种钢材的补贴行为联合向商务部申请反补贴调查，下列表述中正确的是：(2022 年回忆版，多选)

A. 如果申请启动调查的中国企业的国内生产者的产量不足国内同类产品总产量的25%，则不得启动反补贴调查

B. 补贴进口产品分别来自甲、乙、丙三个不同的国家，因此，中国主管机关在调查时不能就补贴进口产品对国内产业造成的影响进行累积评估

C. 甲、乙、丙三国的出口企业针对追溯征收反补贴税的行为可以向中国法院提起行政诉讼

D. 如果中国法院受理了诉讼，应对征收反补贴税决定的合法性进行审查

2 中国某产业认为甲国出口到中国的某商品构成政府补贴，侵害了中国企业的利益，提出反补贴调查申请。商务部终局裁定采取反补贴措施，下列哪些选项是正确的？（2021 年回忆版，多选）

A. 该项政府补贴应具有专向性

B. 对于甲国出口商在行政诉讼中提供的在反补贴调查中拒不提供的证据，人民法院不予采纳

C. 甲国出口商对商务部的终局裁定不服，可以提交 WTO 争端解决

D. 甲国出口商对商务部的终局裁定不服，可以申请复议，也可以向法院提起诉讼

考点三 保障措施

进口中国的某类化工产品2015 年占中国的市场份额比2014 年有较大增加，经查，两年进口总量虽持平，但仍给生产同类产品的中国产业造成了严重损害。依我国相关法律，下列哪一选项是正确的？（2015 年，单选）

A. 受损害的中国国内产业可向商务部申请反倾销调查

B. 受损害的中国国内产业可向商务部提出采取保障措施的书面申请

C. 因为该类化工产品的进口数量并没有绝对增加，故不能采取保障措施

D. 该类化工产品的出口商可通过价格承诺避免保障措施的实施

考点四 对外贸易管制一般规定

1 中国人杨某和甲公司都从事某种商品的出口，该种商品在国外颇受欢迎，销量可观。后该种商品被列入我国出口管制清单，根据《对外贸易法》和《出口管制法》的相关规定，下列哪些判断是正确的？（2021 年回忆版，多选）

A. 杨某作为个人不能从事对外贸易活动

B. 甲公司只有向有关部门备案登记方能从事对外贸易活动

C. 该种商品出口应申领出口许可

D. 外国用户不能擅自改变该种进口商品的最终用途

2 某外商在外商投资准入负面清单之外，以股权转让的方式设立了揽月公司，后原股权出让人达丽公司反悔，认为该股权转让的投资合同未经有关部门批准，是未生效的合同，现诉诸法院，依有关规定及司法解释，下列选项正确的是：（2020 年回忆版，不定项）

A. 达丽公司以投资合同未经有关部门批准为由主张合同未生效的，人民法院不予支持

B. 如该投资合同签订于《外商投资法》施行前，并不适用负面清单的规定

C. 国家对负面清单之外的外商投资，给予最惠国待遇

D. 该外商进入的负面清单以外的领域，依内外资一致的原则实施管理，其项目不需要批准

（本章答案及解析见第 98 页）

第五章　世界贸易组织

名师带练

1　考点考查统计

- WTO
  - WTO 协定 * *
  - WTO 争端解决机制
    - WTO 争端解决的主体 * *
    - WTO 争端解决的程序 * *
    - WTO 争端解决的执行 * *

2　命题基本规律

WTO 部分主要包括 WTO 协定以及 WTO 争端解决两大部分内容，在每年的考试中一般有 1 道题，考查重点相对集中，有一定的重复率。

WTO 协定部分一般没有分析性的题目，考查的通常是 WTO 的基本常识。国民待遇的适用范围和最惠国待遇的例外通常是考查的重点所在。《与贸易有关的投资措施协议》考查方向是禁止采用的投资措施。《与贸易有关的知识产权协议》考查方向是该协议保护的知识产权的范围。掌握基本内容就可以得分。

WTO 争端解决机制在近年来的考试中反复出现，要掌握其基本的程序和自身特点。与 1947 年《关税与贸易总协定》争端解决机制相比，WTO 争端解决机制的调整范围不仅限于一般的货物贸易，还包括服务贸易、与贸易有关的知识产权、与贸易有关的投资措施以及原来游离于《关税与贸易总协定》之外的农产品和纺织品等方面所发生的争端。在 WTO 争端解决机制下，只有全体不赞成时才能予以否决，即反对一致或否定性协商一致。按照 WTO 争端解决机制，成员之间贸易争端的解决方法有磋商、斡旋、调解和调停、专家组、上诉审议和执行。其中，磋商为必经程序。

3　设题陷阱

陷阱一：混淆违反最惠国待遇原则的具体情形。最惠国待遇原则具有普遍性、相互性、自动性和同一性。每一成员既是施惠者，也是受惠者。由于最惠国待遇义务的立即性和无条件性，每一成员自动享有其他成员给予其他任何国家的最惠国待遇。最惠国待遇义务的例外情形主要包括以下几类：第一，(1)边境小额贸易优惠；(2)对发展中国家的优惠待遇；(3)关税同盟和自由贸易区；(4)历史特惠安排。第二，允许以收支平衡理由偏离最惠国待遇义务，允许对造成国内产业损害的倾销进口或补贴进口征收反倾销税或反补贴税。第三，一般例外：对任何原则都可以援引，《关税与贸易总协定》第 20 条规定了十项一般例外情形，包括为维护公共道德所必需的措施，为保障人民与动植物的生命所必需的措施，有关输出或输入黄金和白银的措施，为保证某些与 WTO 并无抵触的法律或条例的贯彻实行所必需的措施（其中包括保护专利权，商标和版权所必需的措施），为保护本国具有艺术、历史或考古价值的财富而采取的措施与养护可用竭的天然资源有关的措施等。第四，国家安全例外。

陷阱二：将 WTO 争端解决中申诉、上诉、强制执行等程序与国内诉讼程序混淆。WTO 争端解决机构本身并不负责审理案件。专家组和上诉机构在争端解决机制和程序中起着核心作用。专家组是非常设机构，既审查案件事实，又审查适用法律。对专家组作出的争端解决报告，除非争端方提起上诉，争端解决机构应在报告散发给各成员后 60 日内决定是否通过这一报告。上诉机构是常设机构，负责对被提起上诉的专家组报告中的法律问题和专家组进行的法律解释进行审查，可以维持、变更或撤销专家组的法律裁决和结论。如果争端解决机构的建议或裁定没有在合理的时间内得到实施，申请方可以申请授权采取补偿和中止减让或其他措施，但必须遵守各项原则和严格的程序。

真题快刷

考点一 WTO 协定

1 中国甲公司为牙膏生产公司，为其“芳芳”牙膏向英国与俄国申请“FANG FANG”商标，因英语“FANG”含有毒牙的意思，故英国不予注册，俄国给予了注册。根据 WTO 的《与贸易有关的知识产权协议》（TRIPs），关于英俄两国的不同做法，下列说法中错误的有哪些？（2021 年回忆版，多选）

A. 违反了平等原则

B. 违反了国民待遇原则

C. 违反了最惠国待遇原则

D. 知识产权独立性原则影响了甲公司商标在不同国家的注册

2 为了促进本国汽车产业，甲国出台规定，如生产的汽车使用了 30% 国产零部件，即可享受税收减免的优惠。依世界贸易组织的相关规则，关于该规定，下列哪一选项是正确的？（2015 年，单选）

A. 违反了国民待遇原则，属于禁止使用的与贸易有关的投资措施

B. 因含有国内销售的要求，是扭曲贸易的措施

C. 有贸易平衡的要求，属于禁止的数量限制措施

D. 有外汇平衡的要求，属于禁止的投资措施

考点二 WTO 争端解决机制

1 甲、乙两国均为 WTO 成员，甲国针对乙国的某种商品采取了反倾销措施，乙国以甲国反倾销措施违反 WTO 协议为由诉至 WTO 争端解决机构。根据国际经济法的相关规则，下列哪些判断是正确的？（2021 年回忆版，多选）

A. 反倾销措施是针对进口产品数量增加而采取的贸易救济措施

B. 对争端方没有提出的主张，WTO 专家组无权审理

C. 争端解决机构审理争端时应适用 WTO 相关规则

D. 若争端解决机构裁决支持了乙国，有权直接撤销甲国的反倾销措施

2 甲国多家出口企业在乙国被终裁具有倾销行为，并征收了反倾销税，现这些出口企业欲进行相关法律救济，已知甲、乙两国均为WTO成员，那么以下说法错误的是：(2018年回忆版，单选)

A. 甲国出口企业可以在乙国提起对乙国政府征税行为的行政诉讼

B. 甲国政府可以直接向乙国政府提起外交保护

C. 甲国政府可以在WTO起诉乙国政府违反其承担的WTO的相关义务

D. 如果乙国政府在WTO被裁决败诉，WTO有权责令乙国修改其本国的法律或相应的反倾销措施

3 甲、乙、丙三国均为WTO成员，甲国给予乙国进口丝束的配额，但没有给予丙国配额，而甲国又是国际上为数不多消费丝束产品的国家。为此，丙国诉诸WTO争端解决机制。依相关规则，下列哪些选项是正确的？(2017年，多选)

A. 丙国生产丝束的企业可以甲国违反最惠国待遇为由起诉甲国

B. 甲、丙两国在成立专家组之前必须经过充分的磋商

C. 除非争端解决机构一致不通过相关争端解决报告，该报告即可通过

D. 如甲国败诉且拒不执行裁决，丙国可向争端解决机构申请授权对甲国采取报复措施

(本章答案及解析见第102页)

第六章 国际经济法领域的其他法律制度

名师带练

1 考点考查统计

- 国际经济法领域的其他法律制度
  - 知识产权的国际保护
    - 保护知识产权的国际公约 * *
    - 国际技术许可 * *
  - 国际投资法
    - 《多边投资担保机构公约》* *
    - 《关于解决国家和他国国民之间投资争端公约》* *
    - 《与贸易有关的投资措施协议》*
  - 国际税法
    - 国际税收管辖权 * *
    - 国际双重征税 * *
    - 国际逃税和避税 *
  - 国际融资法
    - 国际贷款协议 *
    - 国际融资担保——独立保函 * *

2 命题基本规律

国际经济法领域的其他法律制度包括国际投资法、国际融资法、知识产权的国际保护和国际税法。其中,国际投资法、知识产权的国际保护的考查频率略高,几乎每年有1题,国际税法一般隔年考查一次,国际融资法中见索即付保函的规则为考查重点。

知识产权的国际保护的考查方向是《巴黎公约》、《保护文学和艺术作品伯尔尼公约》(以下简称《伯尔尼公约》)的基本原则,如考查《伯尔尼公约》的国民待遇原则、自动保护原则、独立保护原则、最低限度保护原则等,《巴黎公约》的优先权原则、临时保护原则等。只要考查涉及这两个公约,上述原则考查的可能性就比较高。此外,这一部分也有可能与WTO中《与贸易有关的知识产权协议》相关内容综合考查。

国际投资法的考查方向是《多边投资担保机构公约》《关于解决国家和他国国民之间投资争端公约》(又称《华盛顿公约》)。要掌握海外投资保险制度在投保主体、保险对象、承保风险范围等方面的特殊性。重点掌握《多边投资担保机构公约》承保的险别、合格的投资者和合格的东道国的定义。《关于解决国家和他国国民之间投资争端公约》中重点掌握解决投资争端的国际中心的管辖权。此外,这一部分也有可能与WTO中《与贸易有关的投资协议》相关内容综合考查。

国际税法部分的考查方向是国家税收管辖权中居民税收管辖权和来源地税收管辖权,理解税收管辖权冲突带来的双重征税问题,掌握重复征税与重叠征税的区别及二者各自的解决方法。

国际融资法部分以往不是考查重点,但近两年来连续考查了独立保函,原因是随着我国"一带一路"倡议的推进,独立保函业务的规模越来越大,考生复习时要着重掌握最高人民法院《关于审理独立保函纠纷案件若干问题的规定》。

3 设题陷阱

陷阱一:《伯尔尼公约》的国民待遇原则中的"国"指作品国籍——错误。《伯尔尼公约》规定,非该公约成员国的国民,其作品首次在公约某一成员国出版,或同时在某一成员国及其他非成员国首次出版,也应在一切成员国中享有国民待遇。这意味着对于一个具体作品,如果作品的作者的国籍或者出版国是成员国,则应当受《伯尔尼公约》的保护。

陷阱二:混淆征收及类似措施险与政府违约险。征收及类似措施险针对的是由于东道国政府的责任而采取的任何立法或行政措施,其作用为剥夺投保人对其投资的所有权或控制权,或剥夺其投资中产生的大量利益。违约险针对的是东道国政府对投保人的毁约或违约。二者的主要区别是判断政府采取措施是否为普遍适用的非歧视性措施,如税收、非歧视性措施不属于征收险的范畴。

陷阱三:国际投资争端解决中心(ICSID)争端管辖系列。ICSID管辖适用于缔约国和另一缔约国国民之间直接因投资而产生并经双方书面同意提交给中心的任何法律争端。题目中陷阱常表现为:(1)误认为只有国家才能成为争端主体。实际上,在投资争端中一方是缔约国,另一方是缔约国的国民,在题目中多为投资企业。(2)误认为双方同意后一方可以书面反悔。实际上,当双方表示同意后,任何一方不得单方面撤销其同意。(3)误认为任何争端都可以提交管辖。实际上,争端性质必须是直接因投资而产生的法律争端。(4)误认为提交争端以用尽当地救济为前提。实际上,提交仲裁视为排除其他任何救济方式,但是缔约国可以要求用尽当地救济。(5)误认为不服裁决可以上诉。实际上,不得进行任何上诉或采取除ICSID规定外的任何其他补救办法。

陷阱四:国际税收系列。(1)误认为外国人承担无限纳税义务。判断标准是外国人是否构成

"纳税居民",居民的标准由各国自行确定,一般有国籍、居留超过一定时间等标准。一旦构成居民,则国家行使居民税收管辖权,居民税收管辖权是根据属人原则确立的管辖权,它是指一国对其本国居民在境内及境外的所得进行征税的权力。非本国居民的外国人对来自本国的所得,包括营业所得、投资所得、个人劳务所得和财产所得承担有限纳税义务。(2)国际重复征税与国际重叠征税的区别,详见下表。

区别项	国际重复征税	国际重叠征税
定义	两个或两个以上国家对同一跨国纳税人就同一征税对象在同一时期同时课税	两个或两个以上国家就同一征税对象对同一经济来源的不同纳税人分别纳税
解决方式	免税法	从公司方面采取的措施包括股息扣除法和分类税率法
	扣除法和减税法	从股东方面采取的措施包括股息免税法
	抵免法	间接抵免法

真题快刷

考点一 知识产权的国际保护

1 甲国人迈克在甲国出版著作《希望之路》后25天内,又在乙国出版了该作品,乙国是《保护文学和艺术作品伯尔尼公约》缔约国,甲国不是。依该公约,下列哪一选项是正确的?(2017年,单选)

A. 因《希望之路》首先在非缔约国出版,不能在缔约国享受国民待遇

B. 迈克在甲国出版《希望之路》后25天内在乙国出版,仍然具有缔约国的作品国籍

C. 乙国依国民待遇为该作品提供的保护需要迈克履行相应的手续

D. 乙国对该作品的保护有赖于其在甲国是否受保护

2 中国甲公司与德国乙公司签订了一项新技术许可协议,规定在约定期间内,甲公司在亚太区独占使用乙公司的该项新技术。依相关规则,下列哪一选项是正确的?(2016年,单选)

A. 在约定期间内,乙公司在亚太区不能再使用该项新技术

B. 乙公司在全球均不能再使用该项新技术

C. 乙公司不能再将该项新技术允许另一家公司在德国使用

D. 乙公司在德国也不能再使用该项新技术

考点二 国际投资法

1 2012年,甲国政府与中国基建公司签订特许权协议,引进该基建公司在甲国进行某项基建项目投资,预期2015年建成完工。中国乙银行为该项目的完工向甲国的工程发包方丙公司出具了独立保函。在项目实施过程中,甲国政府违反招商引资时所做的承诺,拒绝给予中国基建公司相关的政策支持和待遇,致使该项目直至2016年仍然无法顺利竣工。中国基建公司在甲国国内起诉,但该国法院拒绝受理。下列说法中正确的是:(2023年回忆版,单选)

A. ICSID受理投资者与东道国政府之间的争端,必须以投资者在东道国用尽当地救济为前提

B. 如果丙公司出具相关单据要求作为独立保函开立人的中国乙银行承担付款责任，则中国乙银行有权要求以丙公司证明中国基建公司存在违约行为作为支付的前提

C. 只有在投资者与东道国在争议发生后达成书面协议约定将争议提交 ICSID 仲裁的情况下，ICSID 才对该案有管辖权

D. ICSID 作出的裁决是终局的，具有法律拘束力，争端双方均不能提起上诉

2 甲国和乙国均为《关于解决国家和他国国民之间投资争端公约》的缔约国，甲国 A 公司和乙国因履行某投资协议产生纠纷，双方达成书面协议，同意将争端提交国际投资争端解决中心(ICSID)，下列说法中正确的是：(2022 年回忆版，多选)

A. 如果乙国不履行投资协议，甲国也不能对 A 公司直接行使外交保护

B. 被投资国没有争议所涉问题方面的立法或相关立法不明确的情况下，ICSID 仲裁庭可暂不作出裁决

C. 仲裁庭所作的裁决应处理提交仲裁庭的每一个问题，并说明所根据的理由

D. 如果乙国事先未要求用尽当地救济，甲国 A 公司可以在争议发生后直接将争端提交给 ICSID 要求仲裁解决

3 甲国 T 公司与乙国政府签约在乙国建设自来水厂，并向多边投资担保机构投保。依相关规则，下列哪一选项是正确的？(2016 年，单选)

A. 乙国货币大幅贬值造成 T 公司损失，属货币汇兑险的范畴

B. 工人罢工影响了自来水厂的正常营运，属战争和内乱险的范畴

C. 乙国新所得税法致 T 公司所得税增加，属征收和类似的措施险的范畴

D. 乙国政府不履行与 T 公司签订的合同，乙国法院又拒绝受理相关诉讼，属政府违约险的范畴

4 甲国惊奇公司的创新科技产品经常参加各类国际展览会，该公司向乙国的投资包含了专利转让，甲、乙两国均为《巴黎公约》和《华盛顿公约》(公约设立的解决国际投资争端中心的英文简称为 ICSID)的成员。依相关规定，下列哪些选项是正确的？(2017 年，多选)

A. 惊奇公司的新产品参加在乙国举办的国际展览会，产品中可取得专利的发明应获得临时保护

B. 如惊奇公司与乙国书面协议将其争端提交给 ICSID 解决，ICSID 即对该争端有管辖权

C. 提交 ICSID 解决的争端可以是任何与投资有关的争端

D. 乙国如对 ICSID 裁决不服的，可寻求向乙国的最高法院上诉

考点三 国际税法

1 甲国人王小明与家人长期居住在中国，因海外多国的业务往返于世界各地。王小明在乙国有存款账户和托管账户，在丙国有房产，房产内有艺术品和珠宝。中国与甲、乙、丙国均已确认了《共同申报准则》(CRS)实施税务信息交换。根据 CRS 与我国税法的有关规定，下列哪些选项是正确的？(2021 年回忆版，多选)

A. 乙国应依中国的申请提供王小明的相关税务信息

B. 因王小明是甲国人，中国对王小明无税收管辖权

C. 王小明在乙国的存款账户和托管账户信息均需申报给中国

D. 王小明在丙国的房产及艺术品和珠宝信息无须申报给中国

2 甲、乙两国均为WTO成员，甲国纳税居民马克是甲国保险公司的大股东，马克从该保险公司在乙国的分支机构获利35万美元。依《服务贸易总协定》及相关税法规则，下列哪些选项是正确的？(2016年，多选)

A. 甲国保险公司在乙国设立分支机构，属于商业存在的服务方式

B. 马克对甲国承担无限纳税义务

C. 两国均对马克的35万美元获利征税属于重叠征税

D. 35万美元获利属于甲国人马克的所得，乙国无权对其征税

考点四 国际融资法

1 甲国某公司为完成其在乙国的投资项目，签订了一系列的国际贷款协议，协议包括了违约事件及救济方法。下列哪些情况属于事件中的预期违约？(2020年回忆版，多选)

A. 该公司因违反乙国的税法偷税漏税，导致被乙国的法院扣押财产

B. 该公司到期不如约支付贷款的本金、利息或有关费用

C. 该公司为其他债权人的利益而在自己的资产上设定了担保物权

D. 该公司的状况发生重大不利变化

2 中国某工程公司在甲国承包了一项工程，中国某银行对甲国的发包方出具了见索即付的保函，后甲国发包方以中国公司违约为由向中国银行要求支付保函上的款项遭到拒绝，遂诉至人民法院。关于本案，根据相关法律和司法解释，以下说法正确的是哪项？(2018年回忆版，单选)

A. 如果工程承包公司是我国政府独资的国有企业，则银行可以以此为由拒绝向受益人付款

B. 中国银行可以主张保函受益人先向中国承包公司主张求偿，待其拒绝后再履行保函义务

C. 中国银行应对施工合同进行实质性审查后，方可决定是否履行保函义务

D. 如甲国发包方提交的书面文件与保函要求相符，中国银行应承担付款责任

3 中国甲公司在承担中东某建筑工程时涉及一系列分包合同和买卖合同，并使用了载明适用《国际商会见索即付保函统一规则》的保函。后涉及保函的争议诉至中国某法院。依相关司法解释，下列哪些选项是正确的？(2017年，多选)

A. 保函内容中与《国际商会见索即付保函统一规则》不符的部分无效

B. 因该保函记载了某些对应的基础交易，故该保函争议应适用我国《民法典》有关保证的规定

C. 只要受益人提交的单据与独立保函条款、单据与单据之间表面相符，开立人就须独立承担付款义务

D. 单据与独立保函条款之间表面上不完全一致，但并不导致相互之间产生歧义的，仍应认定构成表面相符

(本章答案及解析见第105页)

答案及解析

国　际　法

第一章　国际法基本理论与国际法主体

1 [答案]　AD

[考点]　国家的管辖权、船舶碰撞侵权的法律适用

[解析]　本题为国际公法和国际私法相关考点的综合性考题。中国《刑法》第 8 条规定:“外国人在中华人民共和国领域外对中华人民共和国国家或者公民犯罪,而按本法规定的最低刑为三年以上有期徒刑的,可以适用本法,但是按照犯罪地的法律不受处罚的除外。”甲国籍船长约翰在公海故意撞击一艘中国渔船,导致中国渔船渔民严重伤亡,根据中国《刑法》构成严重犯罪,中国法院对该案享有管辖权。故 A 选项的表述正确。根据《联合国海洋法公约》的规定,国际海洋法法庭的管辖权及于涉及海洋争端的下列案件:(1)有关《联合国海洋法公约》的解释或适用的任何争端;(2)关于与《联合国海洋法公约》的目的有关的其他国际协定的解释或适用的任何争端;(3)如果同《联合国海洋法公约》主题事项有关的现行有效条约或公约的所有缔约国同意,有关这种条约或公约的解释或适用的争端,也可提交国际海洋法法庭。国际海洋法法庭并不受理刑事诉讼案件。因此,B 选项的表述错误。《联合国海洋法公约》并未就涉及海洋侵权纠纷的民事赔偿问题作出规定,故 C 选项的表述错误。中国《海商法》第 273 条规定:“船舶碰撞的损害赔偿,适用侵权行为地法律。船舶在公海上发生碰撞的损害赔偿,适用受理案件的法院所在地法律。同一国籍的船舶,不论碰撞发生于何地,碰撞船舶之间的损害赔偿适用船旗国法律。”本案受理案件的法院所在地在中国,故应适用中国法。D 选项正确。

[难度系数]　* * *

2 [答案]　B

[考点]　国家豁免权

[解析]　国有企业不享有豁免权,故 A、D 选项错误,B 选项正确。国有企业并非国家的立法、司法、行政机关,除非得到行使某项主权权力的授权,其行为并不代表国家,因此也不可归因于国家。故 C 选项错误。

[难度系数]　* *

3 [答案]　C

[考点]　联合国安理会的表决制度

[解析]　安理会是联合国在维持国际和平与安全方面负主要责任的机关,也是联合国中唯一有权采取行动的机关。安理会由 15 个理事国组成,其中,中、法、俄、英、美五国为常任理事国。根

据《联合国宪章》第 27 条的规定，安理会表决采取每一理事国一票的规则。对于程序事项决议的表决 9 个同意票即可通过；对于非程序事项或称实质性事项的决议表决，要求包括全体常任理事国在内的 9 个同意票，此又被称为“大国一致原则”，即任何一个常任理事国都享有否决权。联合国安理会实质性事项表决的问题包括：和平与安全方面的决议，会员国、秘书长的推荐等。

本题联合国安理会讨论制止甲国侵略的决议案属于和平与安全方面的决议，即实质性表决事项，故应适用“大国一致原则”。在实践中，常任理事国的弃权或缺席不被视为否决，不影响决议的通过。选项 A 认为决议因有常任理事国投弃权票而不能通过，不符合国际实践，不当选。

非常任理事国无一票否决权，B 选项认为决议因非常任理事国两票否决而不能通过是错误的，不当选。

本题中有关决议事项获得常任理事国 4 票赞成、1 票弃权，非常任理事国 8 票赞成、2 票否决，即获得包括常任理事国在内共 12 票赞成，超过 9 个同意票，投票结果达到了安理会对实质性问题表决通过的要求。C 选项正确。

本题中“制止甲国侵略的决议案”属于和平与安全方面的决议，即属于实质性表决事项，D 选项认为该决议获简单多数赞成票即可通过，错将决议事项当作程序性事项，不当选。

[难度系数] * *

第二章　国际法上的空间划分

考点一　国家领土

1 **[答案]** A

[考点] 边境制度

[解析] A 项和 D 项考查边境土地的使用。国家对本国边境地区土地的利用，不得使对方国家利益遭受损害。如遇火灾，应尽力扑灭或控制，不使火灾蔓延到对方境内，但未经许可不得跨境。乙国救援人员未经甲国同意越过边境救灾，违反国际法规定。A 项说法正确。对于火灾给甲国造成的财产损失，乙国应当赔偿，D 项说法错误。

B 项和 C 项考查界标的维护。根据国际法相关规则，在已经设立的界标边界线上，相邻国家对界标的维护负有共同的责任。双方都应采取必要措施防止界标被移动、损坏或灭失。若一方发现界标被移动、损坏的情况，应尽速通知另一方，并在双方代表都在场的情况下修复或重建，因此乙国不能自行修复界碑，B 项说法错误。乙国通知甲国后，如无双方代表在场，也不能修复界碑，C 项说法不准确。

[难度系数] * *

2 **[答案]** AC

[考点] 领土

[解析] 国家领土的取得方式在传统国际法和现代国际法上的规定有较大差异。传统国际法承认先占、时效、征服、割让和添附。现代国际实践中的新方式有殖民地独立方式和公民投票。传统的领土取得方式中的征服、强制割让现已经丧失合法性，时效现已没有普遍意义。

A 项考查领土取得方式中的添附。添附是指由于自然形成或人造的新土地出现而使国家领土增加，包括河口三角洲、涨滩等自然添附，也包括围海造田等人工添附。甲国围海造田，未对他国造成影响，属于领土的合法取得。A 项正确。

B 项考查领土取得方式中的割让。割让是指一国根据条约将部分领土转移给另一国。强制割让已在现代国际法中失去合法性。乙国屯兵邻国强迫其签订条约割让部分领土，该方式不是合法取得领土的方式。B 项错误。

C 项同样考查领土取得方式中的割让，非强制割让是合法有效的。丙国与其邻国经平等协商交换各自边界的部分领土属于合法取得领土。C 项正确。

D 项考查领土取得方式中的时效。时效指由国家公开地、不受干扰地、长期持续地占有他国领土从而获得该领土的主权。由于时效不同占领的合法性，且期限未能确定，故适用争议很大，在当代国际法中已无普遍适用的意义。丁国最近 20 年派兵持续控制其邻国部分领土，并对外宣称拥有主权，不属于合法取得领土。D 项错误。

[难度系数] * *

考点二 海洋法

1 **[答案]** AD

[考点] 大陆架、专属经济区的法律地位

[解析] A 项考查其他国家在沿海国大陆架上铺设海底电缆和管道的自由及其限制。根据《联合国海洋法公约》第 79 条的规定，所有国家都有根据公约的规定在大陆架上铺设海底电缆和管道的权利，但在大陆架上铺设海底电缆和管道，其路线的划定须经沿海国同意，故 A 项正确。

B 项考查沿海国在专属经济区内对开发活动的主权权利。根据《联合国海洋法公约》第 56 条的规定，沿海国在其专属经济区享有以勘探和开发、养护和管理海床上覆水域和海床及其底土的自然资源（不论为生物或非生物资源）为目的的主权权利，以及关于在该区内从事经济性开发和勘探，如利用海水、海流和风力生产能等其他活动的主权权利。因此，外国渔船在沿海国专属经济区捕鱼必须经过后者的批准或同意，故 B 项错误。

C 项考查沿海国对专属经济区的权利是否是“自然权利”。根据《联合国海洋法公约》的规定，沿海国对大陆架的权利并不取决于有效或象征的占领或任何明文公告，但对于专属经济区并无此种规定，故 C 项错误。

D 项考查沿海国在其专属经济区内适用其国内法律、规章的权利。根据《联合国海洋法公约》第 73 条的规定，沿海国行使其勘探、开发、养护和管理在专属经济区内的生物资源的主权权利时，可采取为确保其依照本公约制定的法律和规章得到遵守所必要的措施，包括登临、检查、逮捕和进行司法程序。甲、乙两国的公司铺设的海底天然气管道发生泄漏，丙国作为沿海国，在天然气的泄漏影响其主权权利时，有权适用其相关的国内有关法律和规章调查和处理该事件，故 D 项正确。

[难度系数] * * *

2 **[答案]** D

[考点] 海洋法

[解析] A 项考查军舰的无害通过权。无害通过或无害通过权是指外国船舶在不损害沿海国和平安宁和正常秩序的条件下，拥有无须事先通知或征得沿海国许可而连续不断地通过其领海的航行权利。关于军舰的无害通过，在国际法理论上和实践中，一般认为外国军舰通过领海应当事先征得沿海国的同意。我国《领海及毗连区法》第 6 条规定：“外国非军用船舶，享有依法无害通过中

华人民共和国领海的权利。外国军用船舶进入中华人民共和国领海，须经中华人民共和国政府批准。”甲国军舰无权无害通过我国领海，A 项说法错误。

B 项考查航空器通过制度。无害通过制度的适用主体仅指外国船舶，该制度不适用于航空器。我国《领海及毗连区法》第 12 条规定：“外国航空器只有根据该国政府与中华人民共和国政府签订的协定、协议，或者经中华人民共和国政府或者其授权的机关批准或者接受，方可进入中华人民共和国领海上空。”乙国商业飞机未经我国许可，不得通过我国领海上空，B 项说法错误。

C 项考查紧追权。紧追权，是指沿海国主管当局有充分理由认为外国船舶违反本国法律规定，因而对其进行追赶直到公海并加以拿捕，带回本国港口审讯的权利。我国海警船属于执行政府公务的船舶，可以从毗连区开始紧追丙国走私船直至公海，除非其进入本国或第三国领海，无须停止。C 项说法错误。

D 项考查大陆架制度。我国《专属经济区和大陆架法》第 11 条规定：“任何国家在遵守国际法和中华人民共和国的法律、法规的前提下，在中华人民共和国的专属经济区享有航行、飞越的自由，在中华人民共和国的专属经济区和大陆架享有铺设海底电缆和管道的自由，以及与上述自由有关的其他合法使用海洋的便利。铺设海底电缆和管道的路线，必须经中华人民共和国主管机关同意。”丁国有权在我国大陆架铺设海底电缆，但须经我国主管机关同意，D 项说法正确。

[难度系数] * *

3 **[答案]** D

[考点] 海洋法各水域法律制度

[解析] A 项考查专属经济区法律制度。我国《专属经济区和大陆架法》第 9 条规定：“任何国际组织、外国的组织或者个人在中华人民共和国的专属经济区和大陆架进行海洋科学研究，必须经中华人民共和国主管机关批准，并遵守中华人民共和国的法律、法规。”因此，联合国某专门机构在中国专属经济区开展海洋科考必须经中国主管机关批准，A 项说法错误。

B 项和 C 项考查毗连区法律制度。根据《联合国海洋法公约》的规定，沿海国可以在领海以外毗邻领海划定一定宽度的海水带，在此区域中，沿海国对海关、财政、移民和卫生等特定事项行使某种管制权，这个区域被称为毗连区。毗连区不是国家领土，国家对毗连区不享有主权，国家对于毗连区的管制不包括其上空，因此丙国军用飞机进入中国毗连区上空不需要经中国政府批准或接受，B 项说法错误。我国《领海及毗连区法》第 7 条规定，外国潜水艇和其他潜水器通过我国领海，必须在海面航行，并展示其旗帜。这一要求不适用于毗连区，C 项说法错误。

D 项考查大陆架法律制度。大陆架是指一国领海以外依其陆地领土的全部自然延伸。最高人民法院《关于审理发生在我国管辖海域相关案件若干问题的规定（一）》第 3 条规定：“中国公民或者外国人在我国管辖海域实施非法猎捕、杀害珍贵濒危野生动物或者非法捕捞水产品等犯罪的，依照我国刑法追究刑事责任。”乙国渔民在中国大陆架非法捕捞并杀害濒危海龟须依据中国刑法追究刑事责任，D 项说法正确。

[难度系数] * *

4 **[答案]** C

[考点] 专属经济区的法律地位

[解析] 根据《联合国海洋法公约》的规定，非沿海国在沿海国的专属经济区享有飞越自由、航行自由、铺设海底电缆和管道的自由。故 A、B、D 选项均错误。沿海国对于在专属经济区范围内的经济性开发活动享有主权权利，故 C 选项正确。

[难度系数] *

5 [答案] BC

[考点] 领海的无害通过制度

[解析] A 项考查领海中的分道通航制度。《联合国海洋法公约》第 22 条第 1 款规定,沿海国考虑到航行安全认为必要时,可要求行使无害通过其领海权利的外国船舶使用其为管制船舶通过而指定或规定的海道和分道通航制。丁国有关对油轮实行分道航行的规定并非对"前进"号油轮的歧视,A 项说法错误。

B 项考查违反领海无害通过制度的情形。《联合国海洋法公约》第 19 条第 2 款规定,如果外国船舶在领海内进行下列任何一种活动,其通过即应视为损害沿海国的和平、良好秩序或安全:(1)对沿海国的主权、领土完整或政治独立进行任何武力威胁或使用武力,或以任何其他违反《联合国宪章》所体现的国际法原则的方式进行武力威胁或使用武力;(2)以任何种类的武器进行任何操练或演习;(3)任何目的在于搜集情报使沿海国的防务或安全受损害的行为;(4)任何目的在于影响沿海国防务或安全的宣传行为;(5)在船上起落或接载任何飞机;(6)在船上发射、降落或接载任何军事装置;(7)违反沿海国海关、财政、移民或卫生的法律和规章,上下任何商品、货币或人员;(8)违反本公约规定的任何故意和严重的污染行为;(9)任何捕鱼活动;(10)进行研究或测量活动;(11)任何目的在于干扰沿海国任何通讯系统或任何其他设施或设备的行为;(12)与通过没有直接关系的任何其他活动。因此,丙国"阳光"号在丁国领海进行测量活动是违反无害通过中第 10 项要求的,B 项说法正确。

C 项考查领海中的无害通过权。《联合国海洋法公约》第 17、18 条规定了无害通过权。无害通过或无害通过权,是指外国船舶在不损害沿海国和平安宁和正常秩序的条件下,拥有无须事先通知或征得沿海国许可而连续不断地通过其领海的航行权利。无害通过是任何国家都拥有的一项权利,沿海国不应对此进行妨碍。因此,甲国货轮"青田"号无须事先通知或征得丁国许可即可连续不断地通过丁国领海,C 项说法正确。

D 项考查领海中对外国船舶费用的征收。《联合国海洋法公约》第 26 条规定,对外国船舶不得仅以其通过领海为理由而征收任何费用。对通过领海的外国船舶,仅可作为对该船舶提供特定服务的报酬而征收费用。征收上述费用不应有任何歧视。故丁国可以对通过其领海的外国船舶征收费用的说法是不准确的。D 项说法错误。

[难度系数] * *

考点三 国际航空法和外层空间法

1 [答案] C

[考点] 危害国际民航安全犯罪及其引渡

[解析] A 项考查危害国际民航安全的管辖权。综合《东京公约》《海牙公约》《蒙特利尔公约》及其补充议定书的规定,对危害国际民航安全的非法行为,以下几类国家有管辖权:航空器登记国;航空器降落地国(当犯罪嫌疑人仍在航空器内时);承租人的营业地国或常住地国(当航空器是不带机组的出租时);嫌疑人所在国;嫌疑人国籍国或永久居所国;犯罪行为发生地国;罪行后果涉及国,包括受害人国籍国或永久居所国、后果涉及领土国、罪行危及其安全的国家;根据本国法行使管辖权的其他国家。劫持发生在甲国航空公司的国际航班上,甲国作为航空器的登记国对此有管辖权。A 项说法错误。

B 项和 C 项考查危害国际民航安全犯罪的引渡。危害民航安全罪行是一种可引渡的罪行,但各国没有强制引渡的义务。B 项说法错误。《海牙公约》确立了现代意义的“或引渡或起诉”原则，乙国可不引渡，但应由本国进行刑事审判，C 项说法正确。

D 项考查国际刑事法院对危害国际民航安全犯罪的管辖权。国际刑事法院是根据《国际刑事法院规约》成立的，对犯有灭绝种族罪、危害人类罪、战争罪、侵略罪的个人进行起诉和审判的法院。权限只限于审判个人，而且仅对规约生效后的前述四种国际罪行有管辖权。本案不属于国际刑事法院管辖范畴，D 项说法错误。

[**难度系数**] ＊＊

2 [**答案**] BCD

[**考点**] 《责任公约》

[**解析**] 根据《责任公约》，本题中的甲、乙、丙三国均为气象卫星的发射国，丁国为通信卫星的发射国。发射国对地面人员的损失应承担绝对责任，丁国作为发射国，理应和其他发射国一样对戊国财产和人员伤亡承担责任，故 A 选项错误，D 选项正确。发射国对于发射活动所造成的本国国民的损害，或对于应邀请在发射现场参观或参加发射国的人的损害，不适用《责任公约》，故 B 选项正确。发射国的空间物体在地球表面以外的地方，对另一发射国的空间物体造成损害，前者应负绝对责任，故 C 选项正确。

[**难度系数**] ＊＊

第三章　国际法上的个人

考点一　国籍

1 [**答案**] D

[**考点**] 中国《国籍法》

[**解析**] A 项考查中国国籍的退出。中国《国籍法》第 10 条规定：“中国公民具有下列条件之一的，可以经申请批准退出中国国籍：一、外国人的近亲属；二、定居在外国的；三、有其它正当理由。”埃尔的申请被批准后成为中国公民，今后有正当理由时可以申请退出中国国籍。A 项说法错误。

B 项考查国籍的审批机关。中国《国籍法》第 16 条规定：“加入、退出和恢复中国国籍的申请，由中华人民共和国公安部审批。经批准的，由公安部发给证书。”因此，埃尔加入中国国籍的申请由中国公安部审批。B 项说法错误。

C 项考查双重国籍。我国不承认中国公民有双重国籍。中国《国籍法》第 8 条规定：“申请加入中国国籍获得批准的，即取得中国国籍；被批准加入中国国籍的，不得再保留外国国籍。”因此，埃尔加入中国国籍后，不得再保留其甲国国籍。C 项说法错误。

D 项考查国籍的取得。中国《国籍法》第 4 条规定：“父母双方或一方为中国公民，本人出生在中国，具有中国国籍。”埃尔与中国女子在中国广州所生的儿子，因本人母亲具有中国国籍，本人出生在中国，因此具有中国国籍。D 项说法正确。

[**难度系数**] ＊＊

2 [答案] ABD

[考点] 中国《国籍法》

[解析] 中国《国籍法》第 12 条规定:“国家工作人员和现役军人,不得退出中国国籍。”李某为中国国家机关公务员,其不得申请退出中国国籍。A 项正确。

《国籍法》第 8 条规定:“申请加入中国国籍获得批准的,即取得中国国籍;被批准加入中国国籍的,不得再保留外国国籍。”如莎娃申请中国国籍并获批准,不得再保留俄罗斯国籍,B 项正确。

《国籍法》第 5 条规定:“父母双方或一方为中国公民,本人出生在外国,具有中国国籍;但父母双方或一方为中国公民并定居在外国,本人出生时即具有外国国籍的,不具有中国国籍。”李莎父母一方为中国公民,出生于俄罗斯,仍具有中国国籍。C 项错误,D 项正确。

[难度系数] * *

考点二 外国人的法律地位

1 [答案] B

[考点] 中国《国籍法》《出境入境管理法》的相关规定

[解析] A 项、C 项考查中国《国籍法》关于中国人国籍自动丧失的规定及《出境入境管理法》关于驱逐出境处罚决定终局性的规定。根据中国《国籍法》第 9 条的规定,定居外国的中国公民,自愿加入或取得外国国籍的,即自动丧失中国国籍。本案中,中国国籍的李智定居德国并取得德国国籍,自动丧失中国国籍,其身份为外国人。即便李智并未在中国申请注销其身份证与户籍,也应认定其自动丧失了中国国籍,故 C 项错误。中国《出境入境管理法》第 81 条第 2 款规定:“外国人违反本法规定,情节严重,尚不构成犯罪的,公安部可以处驱逐出境。公安部的处罚决定为最终决定。”因此,对已经自动丧失中国国籍、具有外国(德国)人身份的李智驱逐出境的处罚为最终决定,其无权提起行政诉讼,A 项错误。

B 项考查中国《出境入境管理法》关于对外国人“继续盘问、拘留审查、限制活动范围、遣送出境措施”等处罚措施的行政救济渠道及其终局性。中国《出境入境管理法》第 64 条第 1 款规定:“外国人对依照本法规定对其实施的继续盘问、拘留审查、限制活动范围、遣送出境措施不服的,可以依法申请行政复议,该行政复议决定为最终决定。”故 B 项正确。

D 项考查中国《出境入境管理法》关于禁止外国人出境的规定。中国《出境入境管理法》第 28 条规定:“外国人有下列情形之一的,不准出境:(一)被判处刑罚尚未执行完毕或者属于刑事案件被告人、犯罪嫌疑人的,但是按照中国与外国签订的有关协议,移管被判刑人的除外;(二)有未了结的民事案件,人民法院决定不准出境的;(三)拖欠劳动者的劳动报酬,经国务院有关部门或者省、自治区、直辖市人民政府决定不准出境的;(四)法律、行政法规规定不准出境的其他情形。”故外国人仅仅有未了结的民事诉讼,未经人民法院决定禁止出境的,不得禁止其出境,D 项错误。

[难度系数] * * *

2 [答案] ABD

[考点] 出入境管理

[解析] A 项考查不予签发签证的情形。我国《出境入境管理法》第 21 条规定:“外国人有下列情形之一的,不予签发签证:(一)被处驱逐出境或者被决定遣送出境,未满不准入境规定年限的;(二)患有严重精神障碍、传染性肺结核病或者有可能对公共卫生造成重大危害的其他传染病的;

(三)可能危害中国国家安全和利益、破坏社会公共秩序或者从事其他违法犯罪活动的;(四)在申请签证过程中弄虚作假或者不能保障在中国境内期间所需费用的;(五)不能提交签证机关要求提交的相关材料的;(六)签证机关认为不宜签发签证的其他情形。对不予签发签证的,签证机关可以不说明理由。”根据该条第 1 款第 2 项的规定,如杰克患有严重精神障碍,中国签证机关不予签发其签证。A 项说法正确。

B 项考查不准外国人入境的情形。我国《出境入境管理法》第 25 条规定:“外国人有下列情形之一的,不准入境:(一)未持有效出境入境证件或者拒绝、逃避接受边防检查的;(二)具有本法第二十一条第一款第一项至第四项规定情形的;(三)入境后可能从事与签证种类不符的活动的;(四)法律、行政法规规定不准入境的其他情形。对不准入境的,出入境边防检查机关可以不说明理由。”根据该条第 1 款第 2 项的规定,如杰克入境后可能危害中国国家安全和利益,中国出入境边防检查机关可不准许其入境。B 项说法正确。

C 项考查外国人的入住登记制度。我国《出境入境管理法》第 39 条规定:“外国人在中国境内旅馆住宿的,旅馆应当按照旅馆业治安管理的有关规定为其办理住宿登记,并向所在地公安机关报送外国人住宿登记信息。外国人在旅馆以外的其他住所居住或者住宿的,应当在入住后二十四小时内由本人或者留宿人,向居住地的公安机关办理登记。”因此,杰克如在旅馆以外住宿,应在入住后 24 小时内向居住地公安机关办理登记,而不是 48 小时。C 项说法错误。

D 项考查不准外国人出境的情形。根据我国《出境入境管理法》第 28 条第 2 项的规定,杰克在中国境内有未了结的民事案件,法院决定不准出境的,中国出入境边防检查机关有权阻止其出境。D 项说法正确。

[难度系数] * *

3 **[答案]** D

[考点] 国籍及外国人居留制度

[解析] A 项考查外国人入境制度。我国《出境入境管理法》第 15 条规定:“外国人入境,应当向驻外签证机关申请办理签证,但是本法另有规定的除外。”第 16 条第 3 款规定:“对因工作、学习、探亲、旅游、商务活动、人才引进等非外交、公务事由入境的外国人,签发相应类别的普通签证……”艾琳取得甲国国籍,为外国人,应适用外国人出境入境管理制度。到中国学习属于办理普通签证范畴,A 项说法错误。

B 项考查外国人居留制度。我国《出境入境管理法》第 42 条第 2 款规定:“国务院教育主管部门会同国务院有关部门建立外国留学生勤工助学管理制度,对外国留学生勤工助学的岗位范围和时限作出规定。”艾琳如需到快餐店兼职工作,应遵守勤工助学相关规定,B 项说法不准确。

C 项考查双重国籍问题。我国《国籍法》第 3 条规定:“中华人民共和国不承认中国公民具有双重国籍。”第 9 条规定:“定居外国的中国公民,自愿加入或取得外国国籍的,即自动丧失中国国籍。”艾琳随养父母去甲国定居并取得甲国国籍后,中国国籍自动丧失。C 项说法错误。

D 项考查不准外国人入境的情形。根据我国《出境入境管理法》第 21、25 条的规定,对于有可能对公共卫生造成重大危害的其他传染病的甲国夫妇,中国边防检查机关禁止二者入境,可以不说明理由。D 项说法正确。

[难度系数] * *

考点三 引渡和庇护

1 [答案] ABCD

[考点] 引渡

[解析] A 项考查准予引渡的条件。我国《引渡法》第 7 条规定:“外国向中华人民共和国提出的引渡请求必须同时符合下列条件,才能准予引渡:(一)引渡请求所指的行为,依照中华人民共和国法律和请求国法律均构成犯罪;(二)为了提起刑事诉讼而请求引渡的,根据中华人民共和国法律和请求国法律,对于引渡请求所指的犯罪均可判处一年以上有期徒刑或者其他更重的刑罚;为了执行刑罚而请求引渡的,在提出引渡请求时,被请求引渡人尚未服完的刑期至少为六个月。对于引渡请求中符合前款第一项规定的多种犯罪,只要其中有一种犯罪符合前款第二项的规定,就可以对上述各种犯罪准予引渡。”根据该条第 1 款第 1 项的规定,甲国引渡请求所指的行为依照中国法律和甲国法律均构成犯罪,是中国准予引渡的条件之一。A 项说法正确。

B 项考查可以拒绝引渡的情形。我国《引渡法》第 9 条规定:“外国向中华人民共和国提出的引渡请求,有下列情形之一的,可以拒绝引渡:(一)中华人民共和国对于引渡请求所指的犯罪具有刑事管辖权,并且对被请求引渡人正在进行刑事诉讼或者准备提起刑事诉讼的;(二)由于被请求引渡人的年龄、健康等原因,根据人道主义原则不宜引渡的。”根据该条第 2 项的规定,由于库克健康原因,根据人道主义原则不宜引渡的,中国可以拒绝引渡。B 项说法正确。

C 项和 D 项考查应当拒绝引渡的情形。我国《引渡法》第 8 条规定:“外国向中华人民共和国提出的引渡请求,有下列情形之一的,应当拒绝引渡:(一)根据中华人民共和国法律,被请求引渡人具有中华人民共和国国籍的;(二)在收到引渡请求时,中华人民共和国的司法机关对于引渡请求所指的犯罪已经作出生效判决,或者已经终止刑事诉讼程序的;(三)因政治犯罪而请求引渡的,或者中华人民共和国已经给予被请求引渡人受庇护权利的;(四)被请求引渡人可能因其种族、宗教、国籍、性别、政治见解或者身份等方面的原因而被提起刑事诉讼或者执行刑罚,或者被请求引渡人在司法程序中可能由于上述原因受到不公正待遇的;(五)根据中华人民共和国或者请求国法律,引渡请求所指的犯罪纯属军事犯罪的;(六)根据中华人民共和国或者请求国法律,在收到引渡请求时,由于犯罪已过追诉时效期限或者被请求引渡人已被赦免等原因,不应当追究被请求引渡人的刑事责任的;(七)被请求引渡人在请求国曾经遭受或者可能遭受酷刑或者其他残忍、不人道或者有辱人格的待遇或者处罚的;(八)请求国根据缺席判决提出引渡请求的。但请求国承诺在引渡后对被请求引渡人给予在其出庭的情况下进行重新审判机会的除外。”根据该条第 5 项的规定,根据我国法律或者请求国甲国法律,犯罪纯属军事犯罪的,应当拒绝引渡。C 项和 D 项说法正确。

[难度系数] * *

2 [答案] AD

[考点] 引渡

[解析] A 项考查向外国请求引渡。我国《引渡法》第 48 条规定,在紧急情况下,可以在向外国正式提出引渡请求前,通过外交途径或者被请求国同意的其他途径,请求外国对有关人员先行采取强制措施。因此,中国外交部可以向乙国政府请求将张某先行采取强制措施再行引渡。A 项说法正确。

B 项考查国家的引渡义务。国家没有一般的引渡义务,当他国在没有引渡条约的情况下提出引渡时,一国可以自由裁量。甲国和乙国之间没有签订引渡条约,如甲国向乙国申请引渡,乙国可根据其有关国内法或其他因素决定是否引渡。B 项说法错误。

C 项考查外交保护。外交保护是指一国国民在外国受到不法侵害且依该外国法律程序得不到救济时,其国籍国可以通过外交方式保护国民或国家的权益。国家行使外交保护权一般应符合三个条件:(1)一国国民权利受到侵害是由于所在国的国家不当行为所致,也就是说,该侵害行为可以引起国家责任;(2)受害人自受害行为发生起到外交保护结束的期间内,必须持续拥有保护国国籍;(3)在提出外交保护之前,受害人必须用尽当地法律规定的一切可以利用的救济办法,包括行政和司法救济手段。外交保护不适用本题中的情形,如果乙国将张某引渡给甲国,则中国在认为乙国违反引渡条约的情况下可向乙国提出交涉。C 项说法错误。

D 项考查拒绝引渡的情形。根据我国《引渡法》第 8 条的规定,因张某是中国人,具有中国国籍,中国政府应当拒绝引渡。D 项说法正确。

[难度系数] * *

第四章　外交与领事关系法

考点一　外交机关

1 **[答案]** C

[考点] 外交机关及外交豁免

[解析] A 项考查领事馆的豁免权。《维也纳领事关系公约》第 31 条第 2 款规定:“接受国官吏非经领馆馆长或其指定人员或派遣国使馆馆长同意,不得进入领馆馆舍中专供领馆工作之用之部分。惟遇火灾或其他灾害须迅速采取保护行动时,得推定领馆馆长已表示同意。”本题中,虽然领事馆发生火灾,但领事馆已明确反对甲国进入,推定馆长同意的理由不能成立。A 项说法错误。

B 项考查使馆义务。《维也纳外交关系公约》第 41 条第 3 款规定:“使馆馆舍不得充作与本公约或一般国际法之其他规则、或派遣国与接受国间有效之特别协定所规定之使馆职务不相符合之用途。”对被甲国通缉的丙国人予以庇护不属于使馆职务范围。B 项说法错误。

C 项考查通讯豁免权。《维也纳领事关系公约》第 35 条第 3 款规定:“领馆邮袋不得予以开拆或扣留。但如接受国主管当局有重大理由认为邮袋装有不在本条第四项所称公文文件及用品之列之物品时,得请派遣国授权代表一人在该当局前将邮袋开拆。如派遣国当局拒绝此项请求,邮袋应予退回至原发送地点。”对于领事馆的邮袋,如乙国拒绝则甲国不能强行拆开。C 项说法正确。

D 项考查不受欢迎的人。《维也纳外交关系公约》规定,对于派遣国的使馆馆长及外交人员,接受国可以随时不加解释地宣布其为“不受欢迎的人”,对于使馆的其他人员,接受国可以宣布其为“不能接受”,且无须说明理由。D 项说法错误。

[难度系数] * *

2 **[答案]** D

[考点] 外交机关与外交豁免权

[解析] A 项考查外交机关。常驻的外交机关依其馆长的级别分为三级,即大使馆、公使馆和代办处,派遣哪一级由有关国家依协议决定。大使馆是最高级的外交代表机关,由大使领导。公使馆是第二级的代表机关,由公使领导。代办处是最低级的外交代表机关,由代办领导。代办是最低

一级外交代表，所享受的礼遇低于大使、公使，但所享受的外交特权和豁免与大使、公使相同。A 项关于代办处不受外交法保护的说法是错误的。

B 项和 C 项考查刑事管辖的外交豁免。《维也纳外交关系公约》第 31 条第 4 款规定，外交代表不因其对接受国管辖所享之豁免而免除其受派遣国之管辖。刑事管辖豁免并不等于不负刑事责任。B 项说法错误。该公约第 31 条第 1 款规定了外交代表的刑事管辖绝对豁免，乙国不得对外交代表随员汤姆采取刑事强制措施。C 项说法错误。

D 项考查外交豁免权的放弃。外交豁免权可以由派遣国明示放弃。如果甲国明示放弃汤姆的外交豁免权，则乙国可以对汤姆采取刑事强制措施。D 项说法正确。

[难度系数]　* *

考点二　外交特权与豁免

1 [答案]　AB

[考点]　外交官在接受国应承担的义务、外交官享有的特权与豁免

[解析]　A 项考查外交官在接受国不干涉内政的义务。布鲁斯作为武官属于外交官员，《维也纳外交关系公约》第 41 条第 1 款规定："在不妨碍外交特权与豁免之情形下，凡享有此项特权与豁免之人员，均负有尊重接受国法律规章之义务。此等人员并负有不干涉该国内政之义务。"在接受国参加反政府的游行活动属于干涉内政的行为，故 A 项正确。

B 项考查外交官在接受国不得为私人利益从事任何专业或商业活动的义务。《维也纳外交关系公约》第 42 条规定："外交代表不应在接受国内为私人利益从事任何专业或商业活动。"故 B 项正确。

C 项考查外交官特权与豁免的放弃。《维也纳外交关系公约》第 32 条第 1 款规定："外交代表及依第三十七条享有豁免之人对管辖之豁免得由派遣国抛弃之。"因此，外交官个人无权放弃其特权与豁免，故 C 项错误。

D 项考查外交官的刑事管辖豁免权。根据《维也纳外交关系公约》第 31 条的规定，外交代表对接受国之刑事管辖享有豁免。故 D 项错误。

[难度系数]　* *

2 [答案]　AC

[考点]　使馆及外交邮袋的特权与豁免、域外庇护

[解析]　根据《维也纳外交关系公约》，外交邮袋可托交该国商业飞机机长转递，故 A 项的表述正确。即使两国进入战争状态或者使馆长期或暂时撤退乃至断交，当事国也仍然应尊重使馆及其档案的不受侵犯权，故 B 项的表述错误，C 项的表述正确。在接受国未同意的情况下，利用使领馆进行庇护，属于域外庇护，如未经接受国同意，则属于侵犯接受国属地管辖权的行为，故 D 项的做法违反国际法规则。本题是多选题，也可以从做题技巧的角度来判断，即 B 和 D 项明显错误，应选 AC。

[难度系数]　* *

3 [答案]　B

[考点]　外交人员的特权与豁免

[解析]　A 项考查外交代表的派遣。使馆人员由派遣国任命，派遣使馆馆长和武官之前，应先

将拟派人选通知接受国，征得接受国同意后正式派遣。使馆的其他人员派遣国可直接委派，一般无须事先征求接受国同意。本题中，杰克是武官，故派遣前应先征得乙国同意，A 项说法错误。

B 项、C 项、D 项考查外交人员的特权与豁免。《维也纳外交关系公约》第 31 条明确规定了外交代表的刑事管辖绝对豁免。约翰在履职期间参与贩毒活动属于刑事犯罪，其享有刑事管辖豁免，乙国司法机关不得对其进行刑事审判与处罚。B 项说法正确。

《维也纳外交关系公约》第 37 条第 2 款规定："使馆行政与技术职员暨与其构成同一户口之家属，如非接受国国民且不在该国永久居留者，均享有第二十九条至第三十五条所规定之特权与豁免……"本题中，玛丽是甲国籍会计，属于使馆行政人员，且非乙国永久居留者，应享受外交特权与豁免。C 项说法错误。

《维也纳外交关系公约》第 39 条第 3 款规定："遇使馆人员死亡，其家属应继续享有应享之特权与豁免，至听任其离境之合理期间终了之时为止。"本题中，如武官杰克因意外死亡，其家属的特权与豁免应至离境的合理期间终止，D 项说法错误。

[难度系数]　* *

考点三　领事关系法

[答案]　A

[考点]　领事特权与豁免

[解析]　A 项考查领事的人身不受侵犯。《维也纳领事关系公约》第 41 条第 1 款规定，领事官员不得予以逮捕候审或羁押候审，但遇犯严重罪行之情形，依主管司法机关之裁判执行者不在此列。这一点也是领事官员与外交官员豁免的不同点之一，阮某作为领事官员，如犯有严重罪行，乙国可将其羁押。A 项说法正确。

B 项考查领事的管辖豁免。《维也纳领事关系公约》第 43 条规定："一、领事官员及领馆雇员对其为执行领事职务而实施之行为不受接受国司法或行政机关之管辖。二、惟本条第一项之规定不适用于下列民事诉讼：(一)因领事官员或领馆雇员并未明示或默示以派遣国代表身份而订契约所生之诉讼；(二)第三者因车辆船舶或航空机在接受国内所造成之意外事故而要求损害赔偿之诉讼。"因此，阮某不受乙国司法和行政管辖，但领事官员管辖豁免也有例外，B 项表述过于绝对，说法错误。

C 项考查领事作证义务。《维也纳领事关系公约》第 44 条规定："一、领馆人员得被请在司法或行政程序中到场作证。除本条第三项所称之情形外，领馆雇员或服务人员不得拒绝作证。如领事官员拒绝作证，不得对其施行强制措施或处罚。二、要求领事官员作证之机关应避免对其执行职务有所妨碍。于可能情形下得在其寓所或领馆录取证言，或接受其书面陈述。三、领馆人员就其执行职务所涉事项，无担任作证或提供有关来往公文及文件之义务。领馆人员并有权拒绝以鉴定人身份就派遣国之法律提出证言。"因此，领事官员仅就职务行为免除作证义务，C 项说法错误。

D 项考查领事的免税。《维也纳领事关系公约》第 49 条第 1 款规定："一、领事官员及领馆雇员以及与其构成同一户口之家属免纳一切对人或对物课征之国家、区域或地方性捐税，但下列各项不在此列：(一)通常计入商品或劳务价格内之一类间接税；(二)对于接受国境内私有不动产课征之捐税，但第三十二条之规定不在此限；(三)接受国课征之遗产税、遗产取得税或继承税及让与税，但第五十一条第(二)项之规定不在此限；(四)对于自接受国内获致之私人所得，包括资本收益在内，所课征之捐税以及对于在接受国内商务或金融事业上所为投资课征之资本税；

(五)为供给特定服务所征收之费用;(六)登记费、法院手续费或记录费、抵押税及印花税,但第三十二条之规定不在此限。”因此,遗产税不属于领事官员免税的范围。D 项说法错误。

[**难度系数**] * *

第五章 条 约 法

考点一 条约的缔结

[**答案**] ACD

[**考点**] 条约的缔结

[**解析**] A 项考查无须全权证书的代表。我国《缔结条约程序法》第 6 条第 2 款规定:“下列人员谈判、签署条约、协定,无须出具全权证书:(一)国务院总理、外交部长……”根据《维也纳条约法公约》,国家元首、政府首脑和外交部长谈判缔约无须出具全权证书,仍被认为代表其国家。A 项说法正确。

B 项考查签署的法律意义。根据条约本身的规定或有关各方的约定,签署在不同情况下可以有不同的法律意义:(1)如条约规定或各有关方约定,签署意味着认证和签字国同意受条约的拘束的双重意义。(2)对规定或约定需要批准的条约,签署除对约文的认证外,还含有签署者代表的国家初步同意缔结该条约的意思。因此签署是否代表着条约生效,关键看条约本身的约定。在通常情况下,签署表示认证,除非条约明示签署代表同意受条约约束。待核准的签署是等待政府确认的签署,在签署人所代表的本国确认之前,不发生条约的约束力。B 项说法错误。

C 项考查须经批准的条约。我国《缔结条约程序法》第 7 条规定:“条约和重要协定的批准由全国人民代表大会常务委员会决定。前款规定的条约和重要协定是指:(一)友好合作条约、和平条约等政治性条约;(二)有关领土和划定边界的条约、协定;(三)有关司法协助、引渡的条约、协定;(四)同中华人民共和国法律有不同规定的条约、协定;(五)缔约各方议定须经批准的条约、协定;(六)其他须经批准的条约、协定。条约和重要协定签署后,由外交部或者国务院有关部门会同外交部,报请国务院审核;由国务院提请全国人民代表大会常务委员会决定批准;中华人民共和国主席根据全国人民代表大会常务委员会的决定予以批准。双边条约和重要协定经批准后,由外交部办理与缔约另一方互换批准书的手续;多边条约和重要协定经批准后,由外交部办理向条约、协定的保存国或者国际组织交存批准书的手续。批准书由中华人民共和国主席签署,外交部长副署。”因此,有关引渡的条约,由全国人民代表大会常务委员会决定批准。批准书由中华人民共和国主席签署。C 项说法正确。

D 项考查多边条约的接受。我国《缔结条约程序法》第 12 条规定:“接受多边条约和协定,由国务院决定。经中国代表签署的或者无须签署的载有接受条款的多边条约、协定,由外交部或者国务院有关部门会同外交部审查后,提出建议,报请国务院作出接受的决定。接受书由外交部长签署,具体手续由外交部办理。”因此,接受多边条约和协定,由国务院决定,接受书由外交部长签署。D 项说法正确。

[**难度系数**] * *

考点二 条约的效力、解释与适用

1 [答案] C

[考点] 条约冲突时的适用、条约的保留

[解析] 根据《维也纳条约法公约》第20、21条的规定，凡是根据有关规定对另一当事国成立的保留，在保留国与接受保留的当事国之间，依保留的范围修改保留所涉及的条约的规定，在其他当事国之间，则不修改条约的规定，如果反对保留的国家并未反对条约在该国与保留国之间生效，则在该两国之间仅不适用保留所涉及的规定。根据《维也纳条约法公约》第30条第4款的规定，遇后订条约的当事国不完全包括先订条约的当事国时，适用以下规则：①在同为两条约当事国间，先订条约仅于其规定与后订条约规定相合之范围内适用；②在为两条约的当事国与仅为其中一条约的当事国之间，依两方都是当事方的条约之规定确定双方的权利和义务。本题中，甲国、乙国与丙国同为两个协定的当事国，彼此间应适用后约《贸易区协定》，但丙国对汽车整车类产品的关税降至3%的规定作出了保留，甲、乙两国接受了该保留，故3%这一税率对于保留国与接受保留国之间的汽车整车贸易不予适用，其彼此间仍然应适用先约《工业制成品关税协定》所规定的税率5%，故A项的表述错误。

由于丙国并未对汽车整车之外的其他工业制成品适用3%的税率提出保留，故乙国对丙国机床应按《贸易区协定》规定的3%的税率征税，故B项的表述错误。

丁国未参加后约《贸易区协定》，其与丙国之间应适用共同参加的《工业制成品关税协定》，对工业制成品按税率5%征税，故C项的表述正确。

甲、乙两国均参加了先约和后约且未提出保留，故彼此间对整车类产品征税应依据后约按税率3%征税，故D项的表述错误。

[难度系数] * * *

2 [答案] CD

[考点] 条约的保留

[解析] 条约的保留，是指一国在签署、批准、接受、赞同或加入一个条约时所作的单方声明，无论措词或名称如何，其目的在于排除或更改条约中某些规定对该国适用时的法律效果。

保留是一国单方面作出的，对于保留，其他的缔约国可以同意或反对。

在保留国与接受保留国之间，按保留的范围，改变该保留所涉及的一些条约规定。本题中，甲、乙、丙、丁四国约定如果对协议发生争议由国际法院管辖，甲国声明对该条款的保留，乙国接受该保留，甲国为保留国，乙国为接受保留国，甲、乙两国间适用保留的规定，即甲国与乙国的冲突均不适用国际法院管辖。A项说法错误。

在保留国与反对保留国之间，则保留所涉及的规定，在保留的范围内，不适用于该两国之间。本题中，丙国和丁国均反对甲国的保留，因此，甲国与丙国、丁国的冲突不适用国际法院管辖。B项说法错误。

在未提出保留的国家之间，按照原来条约的规定。本题中，乙国、丙国、丁国均未提出保留，仍适用四国协议约定，乙国与丙国的冲突、乙国与丁国的冲突均由国际法院管辖。C项、D项说法正确。

[难度系数] * *

第六章 国际争端的解决

考点一 国际法院

1 [答案] A

[考点] 国际法院的法官制度

[解析] 《国际法院规约》第 31 条第 1 款规定:“属于诉讼当事国国籍之法官,于法院受理该诉讼案件时,保有其参与之权。”故 A 项正确。《国际法院规约》第 10 条规定:“一、候选人在大会及在安全理事会得绝对多数票者应认为当选。二、安全理事会之投票,或为法官之选举或为第十二条所称联席会议人员之指派,应不论安全理事会常任理事国及非常任理事国之区别。三、如同一国家之国民得大会及安全理事会之绝对多数票者不止一人时,其年事最高者应认为当选。”因此,国际法院的法官之选举,在安理会属于非程序事项(安理会成员国 9 票同意即可通过,乙国作为常任理事国并无一票否决权),在联合国大会属于一般问题(出席并参与投票的会员国过半数同意即可通过)而非重要问题,B 项和 C 项的表述均错误。

《国际法院规约》第 4 条规定:“一、法院法官应由大会及安全理事会依下列规定就常设公断法院各国团体所提出之名单内选举之。二、在常设公断法院并无代表之联合国会员国,其候选人名单应由各该国政府专为此事而委派之团体提出;此项各国团体之委派,准用 1907 年海牙和平解决国际纷争条约第四十四条规定委派常设公断法院公断员之条件。三、凡非联合国会员国而已接受法院规约之国家,其参加选举法院法官时,参加条件,如无特别协定,应由大会经安全理事会之提议规定之。”因此,D 项的表述错误。

本题 BCD 项所涉考点有一定的难度,但本题为单选题,而 A 项的表述正确,对此很容易判断,因此其他几个选项也可以从做题技巧的角度予以排除。

[难度系数] * * *

2 [答案] B

[考点] 国际法院的法律制度及判决的性质、执行

[解析] 根据《国际法院规约》的规定,国际法院的法官对于审理本国的案件原则上无须回避,除非所涉争端是法官就任前亲自处理过的事项。因此,A 项说法错误。

在法院受理案件时,如果一方当事国在国际法院有本国国籍的法官,而另一方当事国在国际法院并无本国国籍的法官,则后者可以选派一人作为专案法官参加案件的审理。如果双方当事国在国际法院均无本国国籍的法官,则均可选派一位参与审理的专案法官。专案法官与正式法官具有完全平等的权利。故 B 项说法正确。

国际法院的判决为一裁终局,具有法律拘束力且不能上诉,但国际法院并不负责强制执行,如有一方当事国拒不履行国际法院所作出的判决,对方有权向安理会提出申诉,安理会可以作出有关建议或决定采取措施促使当事国执行判决。故 C 项的表述错误。

国际法的渊源一般包括国际条约、国际习惯和一般法律原则,国际法院的判决对本案及本案当事国具有法律拘束力,但在性质上属于确定国际法原则的辅助资料,而并非国际法渊源。故 D 选项的表述错误。

[难度系数] * *

考点二 国际海洋法法庭

1 ［答案］ C

［考点］ 安理会的职权、《联合国海洋法公约》关于“导致有拘束力裁判的强制程序”的规定

［解析］ A项考查《联合国宪章》关于安理会职权的规定。根据《联合国宪章》第34条的规定,安全理事会得调查任何争端或可能引起国际摩擦或惹起争端之任何情势,以断定该项争端或情势之继续存在是否足以危及国际和平与安全之维持。《联合国宪章》第35条规定,非联合国会员国之国家如为任何争端之当事国时,经预先声明就该争端而言接受本宪章所规定和平解决之义务后,得将该项争端,提请大会或安全理事会注意。因此,即便甲国不是联合国的会员国,也可以就该争端提请安理会注意并由后者进行审议,故A项错误。

BCD项考查《联合国海洋法公约》关于“导致有拘束力裁判的强制程序”的规定。《联合国海洋法公约》第287条第1款规定,缔约国在签署、批准或加入公约时,或在其后任何时间,应有自由用书面声明的方式选择下列一个或一个以上方法,以解决有关本公约的解释或适用的争端,“(a)按照附件六设立的国际海洋法法庭;(b)国际法院;(c)按照附件七组成的仲裁法庭;(d)按照附件八组成的处理其中所列的一类或一类以上争端的特别仲裁法庭”,该条第3款进一步规定:“缔约国如为有效声明所未包括的争端的一方,应视为已接受附件七所规定的仲裁。”因此,C项正确,BD项均错误。

［难度系数］ * *

2 ［答案］ B

［考点］ 国际海洋争端管辖

［解析］ A项考查任择强制争端解决程序的例外。《联合国海洋法公约》第298条规定,关于划定海洋边界的第15条、第74条、第83条在解释或适用上的争端作出任择性排除声明,则该当事国在其声明中所排除的事项不适用第287条的强制争端解决程序,此种例外被称为对强制争端解决程序的任意排除。因此,甲国有权通过书面声明排除公约强制争端解决程序的适用。A项说法错误。

B项、C项考查国际海洋法法庭任择强制管辖。国际海洋法法庭的任择强制管辖与国际法院类似,“一国在签署、批准或加入本公约时,或在其后任何时间,应有自由用书面声明的方式选择下列一个或一个以上方法,以解决有关本公约的解释或适用的争端”。本题中,甲国书面声明海洋划界的争端不接受公约管辖,故甲国在此争端事项上不受国际海洋法法庭管辖。乙国在签署公约时未书面声明选择国际海洋法法庭的管辖,仅作了口头选择,故乙国不受国际海洋法法庭管辖。丙国书面声明选择国际海洋法法庭的管辖。因此,就本题所述的海洋争端,国际海洋法法庭仅对丙国具有管辖权。C项说法错误。只有争端各方均选择了国际海洋法法庭的管辖,该法庭才有管辖权,因国际海洋法法庭对三方当事国中的两方无管辖权,故对该争端无管辖权。B项说法正确。

D项考查国际法院与国际海洋法法庭管辖的关系。当事国可以自愿选择将争端交由国际法院或者提交国际海洋法法庭解决。D项说法错误。

［难度系数］ * *

第七章　战争与武装冲突法

1 ［答案］　A

［考点］　战争状态、战俘的待遇、进入战争状态的法律后果

［解析］　A 项考查国家间进入战争状态的条件——存在交战的意思。表达交战意思的方式之一是宣战，但即便双方没有宣战，如果通过交战的规模等有关证据等能够判断双方之间存在交战的意思，也可以认定进入战争状态。因此，本题中甲国入侵乙国，乙国向甲国宣战，即便暂未实施抵抗行动，也表明甲、乙两国进入战争状态，A 项正确。

B 项考查战俘的待遇。交战国应给予战俘以人道主义待遇，包括尊重其宗教信仰的自由，战俘同意被实施宗教信仰方面的某些限制，很难说这种同意是出自其真实意愿，故 B 项错误。

C 项考查战争开始引起的法律后果。进入战争状态后，交战国原则上可以没收本国境内的敌国国家财产，但使领馆除外，故 C 项错误。

D 项考查安理会的职权。根据《联合国宪章》第 41 条的规定，安全理事会得决定所应采武力以外之办法，以实施其决议，并得促请联合国会员国执行此项办法。《联合国宪章》第 2 条规定，联合国在维持国际和平及安全之必要范围内，应保证非联合国会员国遵行宪章所规定的基本原则。可见，对于安理会所作的维持国际和平与安全的决议，联合国会员国乃至非会员国都应遵守，故 D 项错误。

本题虽然有个别选项有一定难度，但作为单选题，A 项很容易判断，故难度系数较低。

［难度系数］　*

2 ［答案］　A

［考点］　战俘的待遇、使馆及外交官员的特权与豁免、战时中立国的法律地位

［解析］　根据战争与武装冲突法规则，战俘得保有其被俘时的衣物、财产和民事权利，其物品除武器和马匹之外不得予以没收。故 A 项的表述正确。

根据《维也纳外交关系公约》第 45 条的相关规定，遇两国断绝外交关系，或遇使馆长期或暂时撤退时：(1)接受国务应尊重并保护使馆馆舍以及使馆财产与档案，纵有武装冲突情事，亦应如此办理；(2)派遣国得将使馆馆舍以及使馆财产与档案委托接受国认可之第三国保管；(3)派遣国得委托接受国认可之第三国代为保护派遣国及其国民之利益。故 B 项的表述错误。

根据战时中立规则，中立国有义务防止在其领土或管辖范围内为交战国准备作战行动提供协助，如招募兵员、备战、在其领土或领水内设置军事设施；有义务防止任一交战国在其领土、领水或领空内或利用其资源以从事敌对行动，防止交战国在其领域内武装或改装船舶等。因此，如果丙国允许交战国通过其领土运送军用物资，则违反了中立义务。故 C 项的表述错误。

交战国之间进入战争状态，会导致双方外交关系和领事关系断绝，但外交官的特权与豁免应持续至其离境的合理期间止，而不是立即丧失外交特权与豁免。故 D 项错误。

［难度系数］　* *

3 ［答案］　C

［考点］　战争引起的法律后果

[解析] 根据《维也纳外交关系公约》的规定，使馆享有不受侵犯权，使馆馆舍及设备，以及馆舍内其他财产与使馆交通工具免受搜查、征用、扣押或强制执行。即便国家之间处于战争状态，当事国仍然应尊重他国使馆的前述权利。故 A 项错误。调停作为一种争端解决的政治手段不具有强制性，甲、乙两国未经调停也完全可以签订停火协议。故 B 项错误。国家之间进入战争状态后，其法律后果之一是两国间未履行的经贸合同自动终止。故 C 项正确。第三国出于善意自愿进行调停，其既无义务保证达成调停协议，也无义务对协议的履行承担保证责任。故 D 项错误。

[难度系数] * *

国际私法

第一章　冲突规范及其适用制度

考点一　准据法

1 [答案]　A

[考点]　法律适用的一般规定

[解析]　A 项考查当事人选择适用法律的时间。最高人民法院《关于适用〈中华人民共和国涉外民事关系法律适用法〉若干问题的解释(一)》[以下简称《涉外民事关系法律适用法解释(一)》]第 6 条第 1 款规定:“当事人在一审法庭辩论终结前协议选择或者变更选择适用的法律的,人民法院应予准许。”若双方在一审法庭辩论时将合同适用的法律变更为苏格兰法,应准许,A 项说法正确。

B 项考查存在区际冲突时的法律适用。我国《涉外民事关系法律适用法》第 6 条规定:“涉外民事关系适用外国法律,该国不同区域实施不同法律的,适用与该涉外民事关系有最密切联系区域的法律。”若英国存在多个法域,该合同纠纷应适用最密切联系原则,而不是直接适用伦敦所在的英格兰法,B 项说法错误。

C 项和 D 项考查诉讼时效的法律适用。我国《涉外民事关系法律适用法》第 7 条规定:“诉讼时效,适用相关涉外民事关系应当适用的法律。”双方不能单独约定该纠纷的诉讼时效适用的法律,C 项说法错误。该纠纷的诉讼时效应适用合同约定的法律即英国法,而不是适用中国法,D 项说法错误。

[难度系数]　* *

2 [答案]　D

[考点]　冲突规范的类型

[解析]　单边冲突规范是指系属直接指向应适用内国法或只适用外国法的法律适用规范。重叠性冲突规范是指对某些涉外民事法律关系的调整在系属中规定必须同时适用两个或两个以上国家的法律适用规范。选择性冲突规范是指它的系属指向两个或两个以上可以适用的法律,仅选择其中一个加以适用的法律适用规范。依据选择适用是否有条件,选择性冲突规范又可分为有条件的选择性冲突规范和无条件的选择性冲突规范。有条件的选择性冲突规范是指对系属中指出的几种法律进行选择时有顺序之别,选择适用后一法律必须以前一法律不能适用为前提的法律适用规范。无条件的选择性冲突规范是指对系属中指出的几种法律进行选择时没有主次之分,法院、仲裁机构或有关当事人可以任选其中一个法律而适用。本题关于结婚条件法律适用的冲突规范中,有几种法律均有适用的可能,但存在优先顺序,故属于有条件的选择性冲突规范,选项 D 正确。

[难度系数]　* *

考点二 适用冲突规范的制度

1 **[答案]** D

[考点] 意思自治原则的适用、诉讼时效的法律适用、外国法的查明

[解析] 本案属于侵犯人格权的涉外纠纷,《涉外民事关系法律适用法》第46条规定:"通过网络或者采用其他方式侵害姓名权、肖像权、名誉权、隐私权等人格权的,适用被侵权人经常居所地法律。"该规定并未允许当事人通过意思自治选择法律,故A项错误。

《涉外民事关系法律适用法》第9条规定:"涉外民事关系适用的外国法律,不包括该国的法律适用法。"所以,侵犯人格权纠纷应适用被侵权人经常居所地法即德国法的实体法,B项的表述错误。

《涉外民事关系法律适用法》第7条规定:"诉讼时效,适用相关涉外民事关系应当适用的法律。"本案中"相关涉外民事关系"即侵犯人格权的纠纷适用德国法,故诉讼时效也应适用德国法,C项错误。

《涉外民事关系法律适用法》第10条规定:"涉外民事关系适用的外国法律,由人民法院、仲裁机构或者行政机关查明。当事人选择适用外国法律的,应当提供该国法律。不能查明外国法律或者该国法律没有规定的,适用中华人民共和国法律。"本案应适用的德国法并非当事人所选择,故可由中国受理案件的法院查明,D项的表述正确。

[难度系数] * *

2 **[答案]** C

[考点] 侵权的法律适用、外国法的查明

[解析] 我国《涉外民事关系法律适用法》第19条规定:"依照本法适用国籍国法律,自然人具有两个以上国籍的,适用有经常居所的国籍国法律;在所有国籍国均无经常居所的,适用与其有最密切联系的国籍国法律。自然人无国籍或者国籍不明的,适用其经常居所地法律。"因此,对于自然人有两个以上国籍的,应适用私法冲突规范解决,不涉及公法意义上的国籍放弃问题。A项说法错误。

我国《涉外民事关系法律适用法》第44条规定:"侵权责任,适用侵权行为地法律,但当事人有共同经常居所地的,适用共同经常居所地法律。侵权行为发生后,当事人协议选择适用法律的,按照其协议。"本题中,张某和中国公民王某在上海发生侵权纠纷,侵权行为地是中国,但是如两人协商适用甲国法,可以按照其协议选择,C项说法正确。法院并非仅能适用中国法,B项说法错误。

《涉外民事关系法律适用法解释(一)》第16条规定:"人民法院应当听取各方当事人对应当适用的外国法律的内容及其理解与适用的意见,当事人对该外国法律的内容及其理解与适用均无异议的,人民法院可以予以确认;当事人有异议的,由人民法院审查认定。"两个人如果对甲国法的内容有争议,由法院审查认定,而不是直接判定为无法查明,D项说法错误。

[难度系数] * *

3 **[答案]** AD

[考点] 法律规避、婚姻关系的法律适用

[解析] A项、C项考查法律规避。法律规避,是指国际民商事法律关系的当事人故意制造某种连结点以避开本应适用的对其不利的法律,从而使对自己有利的法律得以适用的一种行为。

我国《涉外民事关系法律适用法解释(一)》第9条规定:“一方当事人故意制造涉外民事关系的连结点,规避中华人民共和国法律、行政法规的强制性规定的,人民法院应认定为不发生适用外国法律的效力。”本题中,两人在伦敦结婚的行为,属于国际私法上的法律规避。A项说法正确。由于同性婚姻不被我国法律承认,根据我国法,二人的婚姻关系不能成立,二人的财产分割不能依据夫妻财产关系法律适用规则来分割。C项说法错误。

B项、D项考查结婚条件的法律适用。我国《涉外民事关系法律适用法》第21条规定:“结婚条件,适用当事人共同经常居所地法律;没有共同经常居所地的,适用共同国籍国法律;没有共同国籍,在一方当事人经常居所地或者国籍国缔结婚姻的,适用婚姻缔结地法律。”本题中,因新疆是两人共同经常居所地,两人的结婚条件应适用中国法,而不是婚姻缔结地英国法,D项说法正确,B项说法错误。

[难度系数] * *

4 [答案] B

[考点] 直接适用的强制性规定

[解析] 《涉外民事关系法律适用法解释(一)》第8条规定:“有下列情形之一,涉及中华人民共和国社会公共利益、当事人不能通过约定排除适用、无需通过冲突规范指引而直接适用于涉外民事关系的法律、行政法规的规定,人民法院应当认定为涉外民事关系法律适用法第四条规定的强制性规定:(一)涉及劳动者权益保护的;(二)涉及食品或公共卫生安全的;(三)涉及环境安全的;(四)涉及外汇管制等金融安全的;(五)涉及反垄断、反倾销的;(六)应当认定为强制性规定的其他情形。”故B项正确,其他选项错误。

[难度系数] * *

第二章　民事主体的法律适用

考点一　自然人国籍、居所冲突,权利能力与行为能力的法律适用

[答案] A

[考点] 自然人宣告死亡的法律适用

[解析] 《涉外民事关系法律适用法》第13条规定,宣告失踪或者宣告死亡,适用自然人经常居所地法律。本题中,两人的经常居所地均在中国,故都适用中国法,A项的表述正确,C项和D项的表述错误。关于B项,虽然《涉外民事关系法律适用法》规定不能查明外国法律或者该国法律没有规定的,适用中国法律,但是由于本案中无须适用莱索托法,因而也无须查明该国法律,故该选项的表述错误。

[难度系数] *

考点二　法人国籍、居所冲突,权利能力与行为能力的法律适用

1 [答案] D

[考点] 法人股东权利义务的法律适用、诉讼时效的法律适用

[解析] A项和D项考查法人及其分支机构的民事权利能力、民事行为能力、组织机构、股东权利义务的法律适用。

《涉外民事关系法律适用法》第 14 条规定："法人及其分支机构的民事权利能力、民事行为能力、组织机构、股东权利义务等事项，适用登记地法律。法人的主营业地与登记地不一致的，可以适用主营业地法律。法人的经常居所地，为其主营业地。"本题中，甲作为丙公司的股东主张自己的权利受到损害而起诉，而丙公司登记地为开曼群岛，主营业地在中国，因此股东权利义务的争议可以适用中国法或开曼群岛法，故 A 项错误而 D 项正确。

B 项考查当事人在法律适用方面意思自治的限制。《涉外民事关系法律适用法解释（一）》第 4 条规定："中华人民共和国法律没有明确规定当事人可以选择涉外民事关系适用的法律，当事人选择适用法律的，人民法院应认定该选择无效。"对于股东权利义务事项，《涉外民事关系法律适用法》第 14 条并未规定允许当事人选择适用的法律，故 B 项错误。

C 项考查诉讼时效的法律适用。《涉外民事关系法律适用法》第 7 条规定："诉讼时效，适用相关涉外民事关系应当适用的法律。"本案中相关涉外民事关系即股东权利义务事项有可能适用中国法，也有可能适用开曼群岛法，故 C 项的表述因过于绝对而错误。

[难度系数] * *

2 **[答案]** A

[考点] 法人及合同的法律适用

[解析] A 项考查法人的经常居所地。我国《涉外民事关系法律适用法》第 14 条规定："法人及其分支机构的民事权利能力、民事行为能力、组织机构、股东权利义务等事项，适用登记地法律。法人的主营业地与登记地不一致的，可以适用主营业地法律。法人的经常居所地，为其主营业地。"本题中，甲公司在德国汉堡登记注册，登记地为德国，主营业地在波兰华沙，甲公司的经常居所地为其主营业地，故为波兰华沙，A 项说法正确。

B 项考查法人的国籍。我国以公司的设立登记地确定公司的国籍。《公司法》第 191 条规定："本法所称外国公司是指依照外国法律在中国境外设立的公司。"甲公司在德国汉堡登记注册，按照我国法律判断，甲公司是德国公司，B 项说法错误。

C 项和 D 项考查合同的法律适用。我国《涉外民事关系法律适用法》第 41 条规定："当事人可以协议选择合同适用的法律。当事人没有选择的，适用履行义务最能体现该合同特征的一方当事人经常居所地法律或者其他与该合同有最密切联系的法律。"若新加坡分公司与中国乙公司的合同未选择合同适用的法律，该合同应适用一方当事人甲公司经常居所地波兰的法律或者其他与合同有最密切联系的法律。C 项说法错误，D 项说法不准确。

[难度系数] * *

第三章 人格权、物权、债权、知识产权的法律适用

考点一 人格权的法律适用

[答案] B

[考点] 人格权的法律适用

[解析] 我国《涉外民事关系法律适用法》第 15 条规定："人格权的内容，适用权利人经常居所地法律。"本题中肖像权属于人格权，权利人甲的经常居所地在新加坡，应适用新加坡法，B 项说法正

确,其他选项说法错误。

[难度系数] *

考点二 物权的法律适用

1 [答案] B

[考点] 物权的法律适用

[解析] 本题考查运输中动产物权的法律适用。我国《涉外民事关系法律适用法》第 38 条规定:“当事人可以协议选择运输中动产物权发生变更适用的法律。当事人没有选择的,适用运输目的地法律。”因此,若双方协议约定适用瑞士法应从其约定,B 项说法正确。若双方没有约定,适用运输目的地法即中国法,而不是韩国法,D 项说法错误。A 项和 C 项说法错误。

[难度系数] *

2 [答案] A

[考点] 涉外动产物权的法律适用

[解析] 本题考点为动产物权的法律适用。《涉外民事关系法律适用法》第 37 条规定:“当事人可以协议选择动产物权适用的法律。当事人没有选择的,适用法律事实发生时动产所在地法律。”本题中的争议应识别为动产物权纠纷,当事双方可以协议选择动产物权争议的法律适用。如果双方没有选择,则适用琳达购得欢欢的所在地法中国法。因此,只有 A 项的表述正确, BCD 选项的表述均过于绝对。

[难度系数] * *

考点三 债权的法律适用

1 [答案] C

[考点] 劳务派遣合同的法律适用、领事代理

[解析] 《涉外民事关系法律适用法》第 43 条规定:“劳动合同,适用劳动者工作地法律;难以确定劳动者工作地的,适用用人单位主营业地法律。劳务派遣,可以适用劳务派出地法律。”故 A、B、C 三个选项之中,只有 C 项的表述正确。最高人民法院《关于适用〈中华人民共和国民事诉讼法〉的解释》(以下简称《民诉解释》)第 526 条规定:“涉外民事诉讼中的外籍当事人,可以委托本国人为诉讼代理人,也可以委托本国律师以非律师身份担任诉讼代理人;外国驻华使领馆官员,受本国公民的委托,可以以个人名义担任诉讼代理人,但在诉讼中不享有外交或者领事特权和豁免。”故 D 项的“以领事身份担任诉讼代理人”的表述错误。

[难度系数] * *

2 [答案] B

[考点] 无因管理的法律适用

[解析] 我国《涉外民事关系法律适用法》第 47 条规定:“不当得利、无因管理,适用当事人协议选择适用的法律。当事人没有选择的,适用当事人共同经常居所地法律;没有共同经常居所地的,适用不当得利、无因管理发生地法律。”若李某和玛丽协议选择适用德国法,法院应支持,B 项说法正确。

若李某和玛丽未选择法律,玛丽的经常居所地为法国,李某的经常居所地为中国,当事人没有共

同的经常居所地，适用无因管理发生地法律，即中国法。A 项要求法院在中国法和法国法中选择适用，说法错误；C 项否认了当事人协议选择法律的权利，C 项说法错误；D 项否认了当事人协议选择任何法律的权利，D 项说法错误。

[难度系数]　* *

3 [答案]　D

[考点]　涉外一般侵权及侵犯人格权的法律适用

[解析]　汉斯起诉李明案应识别为一般侵权纠纷，《涉外民事关系法律适用法》第 44 条规定，侵权责任，适用侵权行为地法律，但当事人有共同经常居所地的，适用共同经常居所地法律。侵权行为发生后，当事人协议选择适用法律的，按照其协议。本案中双方对这一纠纷可以协议选择适用的法律，达不成协议的，则应适用共同经常居所地法。没有共同经常居所地的，适用侵权行为地法。李明因维护隐私权这一事由起诉汉斯案应识别为侵犯人格权的纠纷，《涉外民事关系法律适用法》第 46 条规定，通过网络或者采用其他方式侵害姓名权、肖像权、名誉权、隐私权等人格权的，适用被侵权人经常居所地法律。故这一纠纷不得由当事人协议选择法律，而应适用被侵权人的经常居所地法，本案中应为新加坡法。故 ABC 项的表述均错误，D 项的表述正确。

[难度系数]　* *

考点四　知识产权的法律适用

[答案]　AD

[考点]　知识产权侵权责任的法律适用

[解析]　我国《涉外民事关系法律适用法》第 50 条规定，知识产权的侵权责任，适用被请求保护地法律，当事人也可以在侵权行为发生后协议选择适用法院地法律。

本题中，中国乙公司擅自使用该商标生产了大量仿冒产品并销售至中韩两国，因此该商标的被请求保护地是中国和韩国；甲公司将乙公司诉至中国某法院，法院地是中国。故该案件可以适用被请求保护地中国法或者韩国法，具体可视当事人就商标选择的被请求保护地而定，当然，当事人双方也可以在侵权行为发生后选择适用法院地中国法。AD 项说法正确。

如果当事人未协议选择适用的法律，案件可以适用被请求保护地中国法或者韩国法，如果当事人选择适用法律，则双方协议选择适用的法律只能是中国法，不包括韩国法。所以并非在两种情形下均应适用中国法，且如协议选择也不能选择韩国法。BC 项说法错误。

需要注意的是，本题中商标侵权责任不是普通的侵权责任，而是知识产权的侵权责任，要注意与普通侵权的法律适用相区别。

[难度系数]　* *

第四章　商事关系的法律适用

考点一　票据的法律适用

[答案]　B

[考点]　涉外汇票的法律适用

［解析］　我国《票据法》第 98 条规定：“票据的背书、承兑、付款和保证行为，适用行为地法律。”本题中背书地点为越南河内，故背书行为应适用越南法，A 项的表述错误。

《票据法》第 99 条规定：“票据追索权的行使期限，适用出票地法律。”本题中，出票地为中国上海，故汇票追索权的期限应适用中国法，B 项的表述正确。

《票据法》第 101 条规定：“票据丧失时，失票人请求保全票据权利的程序，适用付款地法律。”本题中，付款人为德国甲公司在上海的分支机构，故请求保全汇票权利的程序应适用中国法，C 项的表述错误。

识别或定性是指在适用冲突规范时，依照某一法律观念对有关的事实或问题进行分析，将其归入一定的法律范畴，并对有关的冲突规范的范围或对象进行解释，从而确定何种冲突规范适用何种事实或问题的过程。因此，李先生拾得汇票是否构成不当得利的问题，属于识别或定性问题，我国《涉外民事关系法律适用法》第 8 条规定：“涉外民事关系的定性，适用法院地法律。”因此，D 项的问题作为识别问题应适用法院地法（中国法），该选项的表述错误。

［难度系数］　* * *

考点二　海事海商的法律适用

［答案］　D

［考点］　海事海商的法律适用

［解析］　A 项、B 项、C 项考查船舶碰撞的法律适用。我国《海商法》第 273 条规定：“船舶碰撞的损害赔偿，适用侵权行为地法律。船舶在公海上发生碰撞的损害赔偿，适用受理案件的法院所在地法律。同一国籍的船舶，不论碰撞发生于何地，碰撞船舶之间的损害赔偿适用船旗国法律。”

本题中，东方号与巴拿马籍货轮在某海域相撞，东方号的登记国由中国变更为巴拿马，故两个船舶属于同一国籍船舶，无论在何处碰撞，均适用船旗国即巴拿马法律。因此，A 项与 C 项中有关碰撞的损害赔偿适用中国法的说法是错误的。

因我国与巴拿马均是《联合国海洋法公约》的缔约国，如公约与我国法有不同规定，适用该公约的规定。但公约并未对船舶碰撞责任作出相关约定，因此，有关船舶碰撞的损害赔偿无法适用《联合国海洋法公约》。B 项说法错误。

D 项考查船舶抵押权的法律适用。我国《海商法》第 271 条规定：“船舶抵押权适用船旗国法律。船舶在光船租赁以前或者光船租赁期间，设立船舶抵押权的，适用原船舶登记国的法律。”本题中，东方号货轮是在光船租赁期间设立船舶抵押权，东方号的原登记国为中国，故抵押权应适用中国法。D 项正确。

［难度系数］　* *

考点三　信托的法律适用

［答案］　ABC

［考点］　信托的法律适用

［解析］　我国《涉外民事关系法律适用法》第 17 条规定：“当事人可以协议选择信托适用的法律。当事人没有选择的，适用信托财产所在地法律或者信托关系发生地法律。”

本题中，当事人可以选择信托适用的法律，可协议选择适用瑞士法或者新加坡法。A 项、B 项正确。

因当事人将在中国的财产交由信托公司管理，信托财产所在地是中国，而当事人与顺捷国际信托公司在北京签订协议，信托关系发生地也是中国，如双方未选择法律，应适用信托财产所在地法律或者信托关系发生地法律，即中国法。C 项说法正确。

就信托关系的法律适用，我国并未采用有利于受益人的法律选择原则。故 D 项错误。

[难度系数]　* *

第五章　婚姻家庭与继承的法律适用

考点一　婚姻家庭关系的法律适用

1 [答案]　A

[考点]　涉外离婚的法律适用及我国内地与香港特别行政区的区际司法协助

[解析]　《涉外民事关系法律适用法》第 27 条规定："诉讼离婚，适用法院地法律。"本案中，张丽在深圳某法院起诉离婚，法院地在中国，故 A 项正确。夫妻财产分割属于财产关系，《涉外民事关系法律适用法》第 24 条规定："夫妻财产关系，当事人可以协议选择适用一方当事人经常居所地法律、国籍国法律或者主要财产所在地法律。当事人没有选择的，适用共同经常居所地法律；没有共同经常居所地的，适用共同国籍国法律。"故本案中关于夫妻财产分割应适用中国内地法的表述过于绝对，B 项错误。根据《关于内地与香港特别行政区法院相互认可和执行婚姻家庭民事案件判决的安排》的规定，内地婚姻家庭民事案件判决如果到香港特别行政区申请认可与执行，应向香港特别行政区区域法院而非高等法院提出，故 C 项和 D 项的表述错误。

[难度系数]　* * *

2 [答案]　A

[考点]　离婚及夫妻财产分割的法律适用、国籍

[解析]　A 项考查国籍。我国对出生国籍采用以血统主义为主、出生地主义为辅的原则。我国《国籍法》规定，父母双方或一方为中国公民，本人出生在中国的，具有中国国籍。父母双方或一方为中国公民，本人出生在外国的，具有中国国籍；但如果父母双方或一方为中国公民并定居在外国，本人出生时即具有外国国籍的，则不具有中国国籍。父母无国籍，或者国籍不明，定居在中国，本人出生在中国的，具有中国国籍。外国人之子在我国出生，并不当然取得中国国籍，A 项说法正确。

B 项考查外国人的出境。根据我国《出境入境管理法》第 28 条第 2 项的规定，有未了结的民事案件，人民法院决定不准出境的，外国人不准出境。甲、乙离婚诉讼属于民事诉讼，虽尚未了结，如法院未决定其不准出境，则出境不受案件影响，B 项说法错误。

C 项和 D 项考查诉讼离婚及夫妻财产分割的法律适用。我国《涉外民事关系法律适用法》第 27 条规定："诉讼离婚，适用法院地法律。"因甲、乙在中国诉讼离婚，离婚适用法院地法即中国法。该法第 24 条规定："夫妻财产关系，当事人可以协议选择适用一方当事人经常居所地法律、国籍国法律或者主要财产所在地法律。当事人没有选择的，适用共同经常居所地法律；没有共同经常居所地的，适用共同国籍国法律。"就夫妻财产分割，甲、乙可以协议选择经常居所地及主要财产所在地法律，即中国的法律，也可以选择国籍国埃及或印度的法律，C 项和 D 项说法均错误。

[难度系数]　* *

3 [答案] C

[考点] 收养的法律适用

[解析] 我国《涉外民事关系法律适用法》第 28 条规定:“收养的条件和手续,适用收养人和被收养人经常居所地法律。收养的效力,适用收养时收养人经常居所地法律。收养关系的解除,适用收养时被收养人经常居所地法律或者法院地法律。”

本题中,收养人德国夫妇久居中国,经常居所地在中国,被收养人也在中国,收养的条件和手续应适用经常居所地中国法,A 项和 B 项说法错误。

收养时被收养人的经常居所地在中国,诉讼地在中国,收养解除应适用中国法,C 项说法正确。

收养效力适用收养时收养人的经常居所地中国法,D 项说法错误。

[难度系数] * *

4 [答案] BC

[考点] 父母子女关系的法律适用

[解析] 我国《涉外民事关系法律适用法》第 25 条规定:“父母子女人身、财产关系,适用共同经常居所地法律;没有共同经常居所地的,适用一方当事人经常居所地法律或者国籍国法律中有利于保护弱者权益的法律。”

本题中,丙和丁是母子关系,丙的国籍国是中国,定居在中国,丁的国籍国是法国,定居在法国。丙与丁未共同居住,无共同经常居所地。因此,诉讼中丙与丁的人身关系适用一方当事人经常居所地法律或者国籍国法律中有利于保护弱者权益的法律,即中国法或法国法中有利于保护弱者权益的法律,B 项说法正确,A 项说法错误。

戊与丁属于母子关系,戊的国籍国为新加坡,定居在法国,丁的国籍国是法国,定居在法国。戊与丁的共同经常居所是法国,因此,戊与丁的母子关系适用法国法。C 项说法正确,D 项说法错误。

[难度系数] * *

5 [答案] A

[考点] 结婚的法律适用

[解析] 我国《涉外民事关系法律适用法》第 21 条规定:结婚条件,适用当事人共同经常居所地法律;没有共同经常居所地的,适用共同国籍国法律;没有共同国籍,在一方当事人经常居所地或者国籍国缔结婚姻的,适用婚姻缔结地法律。该法第 22 条规定:结婚手续,符合婚姻缔结地法律、一方当事人经常居所地法律或者国籍国法律的,均为有效。

本题中,德国公民贝克的经常居所在汉堡,中国公民李某的经常居所在上海,二人无共同经常居所,且二人无共同国籍,又因二人打算在中国结婚,参照上述法条规定,二人的结婚条件适用婚姻缔结地即中国的法律。

A 项中婚龄问题属于结婚条件,应适用中国法,A 项正确。

B 项属于结婚手续问题,二人结婚的手续适用婚姻缔结地中国的法律或者一方当事人经常居所地或国籍国中国、德国的法律均可,因此 B 项说法不完整。

C 项认为结婚所有事项包括结婚条件以及结婚手续均适用中国法,忽视了结婚手续可以适用德国法的情形,因此不正确。

D 项认为结婚的条件同时适用中国法与德国法,而依据前述分析,本题中结婚条件只能适用中国法,故 D 项错误。

[难度系数] * *

考点二 继承的法律适用

1 [答案] C

[考点] 涉外收养关系、财产继承的法律适用

[解析] A项和D项考查解除涉外收养关系的法律适用。根据《涉外民事关系法律适用法》第28条的规定,收养关系的解除,适用收养时被收养人经常居所地法律或者法院地法律,故本案收养关系的解除适用越南法或中国法,A项错误,D项的表述过于绝对,亦属错误。

B项考查涉外动产继承的法律适用。根据《涉外民事关系法律适用法》第31条的规定,动产的法定继承,适用被继承人死亡时经常居所地法律,本案中应为中国法,故B项错误。

C项考查涉外收养效力问题的法律适用。根据《涉外民事关系法律适用法》第28条的规定,收养的效力适用收养人收养时的经常居所地法,本案中应为中国法,故C项正确。

[难度系数] * *

2 [答案] D

[考点] 涉外遗嘱继承的法律适用、外国法的查明

[解析] 本题为国际私法综合性考题,考查涉外遗嘱方式、效力的法律适用及外国法的查明。《涉外民事关系法律适用法》第32条规定:"遗嘱方式,符合遗嘱人立遗嘱时或者死亡时经常居所地法律、国籍国法律或者遗嘱行为地法律的,遗嘱均为成立。"因此,本案的遗嘱方式符合遗嘱人的经常居所地国——中国法(中国法在本案中也是遗嘱行为地法)、遗嘱人国籍国法甲国法之一者,均为成立,故A项和C项均错误。关于外国法内容的理解与适用,《涉外民事关系法律适用法解释(一)》第16条规定:"人民法院应当听取各方当事人对应当适用的外国法律的内容及其理解与适用的意见,当事人对该外国法律的内容及其理解与适用均无异议的,人民法院可以予以确认;当事人有异议的,由人民法院审查认定。"故B项错误。《涉外民事关系法律适用法》第33条规定:"遗嘱效力,适用遗嘱人立遗嘱时或者死亡时经常居所地法律或者国籍国法律。"本案中,该遗嘱的效力应适用遗嘱人的经常居所地国中国法或遗嘱人国籍国法甲国法,故D项正确。

[难度系数] * * *

第六章 国际商事仲裁

考点一 仲裁协议

1 [答案] AB

[考点] 涉外仲裁协议的法律适用

[解析] ABD项考查涉外仲裁协议的法律适用。《涉外民事关系法律适用法》第18条规定:"当事人可以协议选择仲裁协议适用的法律。当事人没有选择的,适用仲裁机构所在地法律或者仲裁地法律。"本案中,当事人没有选择仲裁协议适用的法律,约定的仲裁机构所在地是巴黎,仲裁地为香港,故本案的仲裁协议可以适用法国法或者香港法,AB项均正确,D项关于仲裁协议适用美国法的说法缺乏法律依据,其表述错误。

C 项考查认定涉外仲裁协议效力的法律适用与合同本身的法律适用的区别。最高人民法院《关于审理仲裁司法审查案件若干问题的规定》第 13 条规定:“当事人协议选择确认涉外仲裁协议效力适用的法律,应当作出明确的意思表示,仅约定合同适用的法律,不能作为确认合同中仲裁条款效力适用的法律。”因此,虽然本案中当事人约定了合同的准据法为德国法,但该约定并不能作为确认合同中仲裁条款效力适用的法律,故 C 项错误。

[难度系数] * *

2 [答案] A

[考点] 国际商事仲裁

[解析] A 项考查仲裁协议的法律适用。最高人民法院《关于适用〈中华人民共和国仲裁法〉若干问题的解释》(以下简称《仲裁法解释》)第 16 条规定:“对涉外仲裁协议的效力审查,适用当事人约定的法律;当事人没有约定适用的法律但约定了仲裁地的,适用仲裁地法律;没有约定适用的法律也没有约定仲裁地或者仲裁地约定不明的,适用法院地法律。”中国法院在司法实践中将主合同适用法律与仲裁条款适用法律作区分。如果合同当事人未特别说明,主合同适用法律同样适用于仲裁条款,则中国法院将认定当事人没有就仲裁条款适用法律进行约定。本题中当事人并没有针对仲裁条款适用的法律作特别约定,但约定仲裁地在新加坡,因此应适用新加坡法。A 项说法正确。

B 项考查仲裁规则的法律适用。对于仲裁规则的法律适用没有明确的法律规定,但仲裁规则一般均适用指定仲裁机构的仲裁规则,有些仲裁机构也允许当事人自行选择或者约定仲裁规则。对仲裁规则的实体内容有异议,一般由指定仲裁机构解释。B 项说法错误。

C 项考查仲裁裁决的执行。我国《仲裁法》第 72 条规定:“涉外仲裁委员会作出的发生法律效力的仲裁裁决,当事人请求执行的,如果被执行人或者其财产不在中华人民共和国领域内,应当由当事人直接向有管辖权的外国法院申请承认和执行。”《仲裁法解释》第 29 条规定:“当事人申请执行仲裁裁决案件,由被执行人住所地或者被执行的财产所在地的中级人民法院管辖。”因此,裁决作出后,如果被执行人或财产在我国境内,可向我国法院申请执行,如果被执行人或者其财产不在我国境内,则向有管辖权的外国法院申请执行。C 项说法片面,不当选。

D 项考查仲裁地点的选择。一般而言,仲裁均允许当事人自行约定仲裁地点。《北京仲裁委员会仲裁规则》规定,除非当事人另有约定,北京仲裁委员会所在地为仲裁地。因此,如果当事人约定仲裁地在新加坡,北京仲裁委员会则在新加坡仲裁,D 项说法错误。

[难度系数] * *

考点二 国际商事仲裁裁决的承认与执行

1 [答案] A

[考点] 国际商事仲裁裁决的承认与执行

[解析] A 项考查承认与执行外国裁决的审查形式。《民诉解释》第 546 条第 1 款规定:“承认和执行外国法院作出的发生法律效力的判决、裁定或者外国仲裁裁决的案件,人民法院应当组成合议庭进行审查。”因此,对于本案人民法院应组成合议庭审查,A 项说法正确。

B 项考查临时仲裁裁决的承认与执行。《民诉解释》第 543 条规定,对临时仲裁庭在中华人民共和国领域外作出的仲裁裁决,一方当事人向人民法院申请承认和执行的,人民法院应当依照《民事诉讼法》第 290 条(现为第 304 条——编者注)规定处理。如该裁决是由临时仲裁庭作出的,人民法院仍应依据有关承认与执行仲裁裁决的规定承认与执行,B 项说法错误。

D 项考查承认与执行外国裁决期间问题的法律适用。《民诉解释》第 545 条第 1 款规定,当事人申请承认和执行外国法院作出的发生法律效力的判决、裁定或者外国仲裁裁决的期间,适用《民事诉讼法》第 246 条(现为第 250 条——编者注)的规定。因此,乙公司申请执行该裁决的期间应适用我国《民事诉讼法》的规定,而不是日本法的规定,D 项说法错误。

C 项考查拒绝承认与执行外国裁决的程序。最高人民法院《关于人民法院处理与涉外仲裁及外国仲裁事项有关问题的通知》规定:凡一方当事人向人民法院申请执行我国涉外仲裁机构裁决,或者向人民法院申请承认和执行外国仲裁机构的裁决,如果人民法院认为我国涉外仲裁机构裁决具有《民事诉讼法》第 281 条(现为第 291 条——编者注)情形之一的,或者申请承认和执行的外国仲裁裁决不符合我国参加的国际公约的规定或者不符合互惠原则的,在裁定不予执行或者拒绝承认和执行之前,必须报请本辖区所属高级人民法院进行审查;如果高级人民法院同意不予执行或者拒绝承认和执行,应将其审查意见报最高人民法院。待最高人民法院答复后,方可裁定不予执行或者拒绝承认和执行。若人民法院认为,该裁决不符合 1958 年《纽约公约》的规定,不能直接裁定拒绝承认和执行,需要履行上报程序,C 项说法错误。

[难度系数] * *

2 [答案] C

[考点] 外国仲裁裁决的承认与执行

[解析] A 项考查裁决承认与执行的申请。我国《民事诉讼法》第 304 条规定:“在中华人民共和国领域外作出的发生法律效力的仲裁裁决,需要人民法院承认和执行的,当事人可以直接向被执行人住所地或者其财产所在地的中级人民法院申请。被执行人住所地或者其财产不在中华人民共和国领域内的,当事人可以向申请人住所地或者与裁决的纠纷有适当联系的地点的中级人民法院申请。人民法院应当依照中华人民共和国缔结或者参加的国际条约,或者按照互惠原则办理。”因此,杰夫应自己直接提出申请,不需要通过甲国法院申请。A 项说法错误。

B 项考查临时仲裁裁决的承认与执行。临时仲裁是当事人根据仲裁协议,由双方当事人推选仲裁员临时组成仲裁庭,根据一定的仲裁规则与程序对特定争议进行的仲裁。临时仲裁庭处理完争议案件即自动解散。1958 年《纽约公约》第 1 条第 2 款规定:“仲裁裁决不仅包括由为每一案件选定的仲裁员所作出的裁决,而且也包括由常设仲裁机构经当事人的提请而作出的裁决。”根据《民诉解释》第 543 条的规定可知,公约以及我国相关法律对于临时仲裁庭与常设仲裁机构作出的裁决是一视同仁的。因此,如该裁决系临时仲裁庭作出的裁决,人民法院应按照公约以及我国相关规定进行承认与执行的审查,不能直接拒绝承认与执行。B 项说法错误。

C 项考查裁定驳回后的处理。我国《民事诉讼法》第 292 条规定:“仲裁裁决被人民法院裁定不予执行的,当事人可以根据双方达成的书面仲裁协议重新申请仲裁,也可以向人民法院起诉。”因此,如承认和执行申请被裁定驳回,杰夫可向人民法院起诉。C 项说法正确。

D 项考查裁决承认与执行分开进行的问题。《民诉解释》第 544 条规定:“对外国法院作出的发生法律效力的判决、裁定或者外国仲裁裁决,需要中华人民共和国法院执行的,当事人应当先向人民法院申请承认。人民法院经审查,裁定承认后,再根据民事诉讼法第三编的规定予以执行。当事人仅申请承认而未同时申请执行的,人民法院仅对应否承认进行审查并作出裁定。”因此,如杰夫仅申请承认而未同时申请执行该裁决,人民法院不能就执行一并作出裁定。D 项说法错误。

[难度系数] * *

第七章　国际民事诉讼

考点一　国际民事诉讼的一般规定

1 [答案]　BC

[考点]　涉外代理的法律适用、外国人在中国参与民事诉讼的代理人范围、涉外送达

[解析]　《涉外民事关系法律适用法》第16条规定："代理适用代理行为地法律，但被代理人与代理人的民事关系，适用代理关系发生地法律。当事人可以协议选择委托代理适用的法律。"甲公司和M国律所之间的民事关系属于被代理人与代理人的关系，双方可以选择适用的法律，未选择则应适用代理关系发生地法律，A项的表述过于绝对，因而错误。M国律所代理核实乙公司信息的行为是否有效属于代理的外部关系，适用代理行为地法M国法，B项的表述正确。根据我国《民事诉讼法》第283条第1款第5项的规定，人民法院对在中华人民共和国领域内没有住所的当事人送达诉讼文书时，可以向受送达人在中华人民共和国领域内设立的独资企业、代表机构、分支机构或者有权接受送达的业务代办人送达，故C项的表述正确。《民事诉讼法》第274条规定："外国人、无国籍人、外国企业和组织在人民法院起诉、应诉，需要委托律师代理诉讼的，必须委托中华人民共和国的律师。"故D项的表述错误。

[难度系数]　* *

2 [答案]　C

[考点]　国际民事诉讼的专属管辖

[解析]　本题考查专属管辖。专属管辖，是指法律规定某些类型的案件只能由特定的法院管辖，其他法院无管辖权，当事人也不得以协议改变法律确定的管辖。我国《海事诉讼特别程序法》第7条规定："下列海事诉讼，由本条规定的海事法院专属管辖：(一)因沿海港口作业纠纷提起的诉讼，由港口所在地海事法院管辖；(二)因船舶排放、泄漏、倾倒油类或者其他有害物质，海上生产、作业或者拆船、修船作业造成海域污染损害提起的诉讼，由污染发生地、损害结果地或者采取预防污染措施地海事法院管辖；(三)因在中华人民共和国领域和有管辖权的海域履行的海洋勘探开发合同纠纷提起的诉讼，由合同履行地海事法院管辖。"

因此，甲公司与英国乙公司签订的我国管辖的渤海湾的勘探开发合同，属于我国专属管辖，由履行地海事法院管辖。D项关于两公司可协议选择由英国法院审理此案的说法错误。

诉讼的专属管辖不排除有效的仲裁协议或者仲裁条款，因此两公司可约定将纠纷提交新加坡国际仲裁中心仲裁解决，C项说法正确，A项说法错误。

《联合国海洋法公约》是国际公法范畴的公约，主要约定各海域法律地位，不适用于民商事海事纠纷，B项说法错误。

[难度系数]　* *

3 [答案]　BC

[考点]　消费者合同的法律适用和特殊地域管辖

[解析]　A项和C项考查消费者合同法律适用。我国《涉外民事关系法律适用法》第42条规

定:“消费者合同,适用消费者经常居所地法律;消费者选择适用商品、服务提供地法律或者经营者在消费者经常居所地没有从事相关经营活动的,适用商品、服务提供地法律。”本题中,消费者张某经常居所地为中国,商品提供地为韩国,经营者金达公司在张某的经常居所地中国没有从事相关经营活动,综上所述,本消费纠纷应适用商品提供地法韩国法。A 项说法错误,C 项说法正确。

B 项和 D 项考查国际民事诉讼中的特殊地域管辖。我国《民事诉讼法》第 276 条第 1 款规定:“因涉外民事纠纷,对在中华人民共和国领域内没有住所的被告提起除身份关系以外的诉讼,如果合同签订地、合同履行地、诉讼标的物所在地、可供扣押财产所在地、侵权行为地、代表机构住所地位于中华人民共和国领域内的,可以由合同签订地、合同履行地、诉讼标的物所在地、可供扣押财产所在地、侵权行为地、代表机构住所地人民法院管辖。”如张某在大连起诉,因被告金达公司在大连有可供扣押的房产,我国法院有管辖权,B 项说法正确,D 项说法错误。

[难度系数] * *

4 [答案] C

[考点] 国际商事法庭

[解析] 为依法公正及时审理国际商事案件,平等保护中外当事人合法权益,营造稳定、公平、透明、便捷的法治化国际营商环境,服务和保障“一带一路”建设,我国最高人民法院设立国际商事法庭,国际商事法庭是最高人民法院的常设审判机构。

A 项考查协议管辖。我国最高人民法院《关于设立国际商事法庭若干问题的规定》第 2 条规定:“国际商事法庭受理下列案件:(一)当事人依照民事诉讼法第三十四条(现为第 35 条——编者注)的规定协议选择最高人民法院管辖且标的额为人民币 3 亿元以上的第一审国际商事案件……”因此,国际商事法庭可以由当事人协议管辖,A 项说法错误。

B 项考查国际商事专家委员会。最高人民法院组建国际商事专家委员会,并选定符合条件的国际商事调解机构、国际商事仲裁机构与国际商事法庭共同构建调解、仲裁、诉讼有机衔接的纠纷解决平台,形成“一站式”国际商事纠纷解决机制。最高人民法院《关于设立国际商事法庭若干问题的规定》第 12 条规定:“国际商事法庭在受理案件后七日内,经当事人同意,可以委托国际商事专家委员会成员或者国际商事调解机构调解。”商事专家委员会调解是可以选择的,而不是必经程序,B 项说法错误。

C 项考查商事法庭管辖权。依据上述规定及我国《民事诉讼法》第 35 条规定:“合同或者其他财产权益纠纷的当事人可以书面协议选择被告住所地、合同履行地、合同签订地、原告住所地、标的物所在地等与争议有实际联系的地点的人民法院管辖,但不得违反本法对级别管辖和专属管辖的规定。”如果案件与中国无密切实际联系,中国法院无管辖权,C 项说法正确。

D 项考查合议庭。《关于设立国际商事法庭若干问题的规定》第 5 条规定:“国际商事法庭审理案件,由三名或者三名以上法官组成合议庭。合议庭评议案件,实行少数服从多数的原则。少数意见可以在裁判文书中载明。”因此,合议庭少数意见可写入裁判文书,D 项说法错误。

[难度系数] * * *

考点二 国际司法协助

1 [答案] A

[考点] 司法协助

[解析] 我国《民事诉讼法》第 294 条规定:请求和提供司法协助,应当依照中华人民共和国

缔结或者参加的国际条约所规定的途径进行;没有条约关系的,通过外交途径进行。外国驻中华人民共和国的使领馆可以向该国公民送达文书和调查取证,但不得违反中华人民共和国的法律,并不得采取强制措施。除该条第1款规定的情况外,未经中华人民共和国主管机关准许,任何外国机关或者个人不得在中华人民共和国领域内送达文书、调查取证。

本题中,蒙古国法院欲通过蒙古国驻华使馆将传票送达高娃,并向其调查取证,依据前述规定,蒙古国驻华使馆向本国公民高娃送达传票以及调查取证是可以的,但不得违反我国法律,并不得采取强制措施,A项正确。

需要注意的是C项迷惑性较强,外国驻中国使领馆向本国公民送达文书和调查取证不需要经我国主管机关准许。

[难度系数] * *

2 [答案] C

[考点] 外国法院判决的承认与执行

[解析] 《民事诉讼法》第298条规定,外国法院作出的发生法律效力的判决、裁定,需要人民法院承认和执行的,可以由当事人直接向有管辖权的中级人民法院申请承认和执行,也可以由外国法院依照该国与中华人民共和国缔结或者参加的国际条约的规定,或者按照互惠原则,请求人民法院承认和执行。该法第299条规定,人民法院对申请或者请求承认和执行的外国法院作出的发生法律效力的判决、裁定,依照中华人民共和国缔结或者参加的国际条约,或者按照互惠原则进行审查后,认为不违反中华人民共和国法律的基本原则且不损害国家主权、安全、社会公共利益的,裁定承认其效力;需要执行的,发出执行令,依照本法的有关规定执行。因此ABD项表述正确。承认和执行该判决的请求可以由该外国法院向中国法院提出,也可以由当事人向中国法院提出,故C项表述错误,当选。

[难度系数] * *

第八章 中国的区际司法协助

考点一 内地与香港、澳门特区民事判决或仲裁裁决的相互认可与执行

[答案] AB

[考点] 内地与澳门特别行政区之间的司法协助

[解析] A项考查澳门特区法院的民事判决到内地申请认可与执行的程序。最高人民法院《关于内地与澳门特别行政区相互认可和执行民商事判决的安排》第4条第1款规定:“内地有权受理认可和执行判决申请的法院为被申请人住所地、经常居住地或者财产所在地的中级人民法院。两个或者两个以上中级人民法院均有管辖权的,申请人应当选择向其中一个中级人民法院提出申请。”故A项正确。

B项和C项考查内地与澳门特别行政区法院就民商事案件相互委托送达和调取证据的规定。最高人民法院《关于内地与澳门特别行政区法院就民商事案件相互委托送达司法文书和调取证据的安排》第3条第1款规定:“双方相互委托送达司法文书和调取证据,通过内地与澳门司法协助网络平台以电子方式转递;不能通过司法协助网络平台以电子方式转递的,采用邮寄方式。”故B项正

确。最高人民法院《关于内地与澳门特别行政区法院就民商事案件相互委托送达司法文书和调取证据的安排》第 8 条规定:“委托方法院无须支付受委托方法院在送达司法文书、调取证据时发生的费用、税项。但受委托方法院根据其本辖区法律规定,有权在调取证据时,要求委托方法院预付鉴定人、证人、翻译人员的费用,以及因采用委托方法院在委托书中请求以特殊方式送达司法文书、调取证据所产生的费用。”故 C 项错误。

D 项考查当事人能否在澳门特区和内地同时提出已生效民事判决的认可与执行的申请。最高人民法院《关于内地与澳门特别行政区相互认可和执行民商事判决的安排》第 5 条规定:“被申请人在内地和澳门特别行政区均有可供执行财产的,申请人可以向一地法院提出执行申请。申请人向一地法院提出执行申请的同时,可以向另一地法院申请查封、扣押或者冻结被执行人的财产。待一地法院执行完毕后,可以根据该地法院出具的执行情况证明,就不足部分向另一地法院申请采取处分财产的执行措施。两地法院执行财产的总额,不得超过依据判决和法律规定所确定的数额。”故 D 项错误。

[难度系数] * *

考点二 大陆与台湾地区民事判决的相互认可与执行

[答案] ABD

[考点] 大陆认可和执行台湾地区的民事判决

[解析] 该题的四个选项均考查大陆认可和执行台湾地区的民事判决的程序。自 2015 年 7 月 1 日起执行的最高人民法院《关于认可和执行台湾地区法院民事判决的规定》第 14 条第 1 款规定:“人民法院受理认可台湾地区法院民事判决的申请后,应当在立案之日起六个月内审结。有特殊情况需要延长的,报请上一级人民法院批准。”故 A 项正确。上述规定第 13 条规定:“人民法院受理认可台湾地区法院民事判决的申请后,作出裁定前,申请人请求撤回申请的,可以裁定准许。”B 项正确。上述规定第 19 条规定:“对人民法院裁定不予认可的台湾地区法院民事判决,申请人再次提出申请的,人民法院不予受理,但申请人可以就同一争议向人民法院起诉。”故 C 项错误。上述规定第 9 条规定:“申请人申请认可台湾地区法院民事判决,应当提供相关证明文件,以证明该判决真实并且已经生效。申请人可以申请人民法院通过海峡两岸调查取证司法互助途径查明台湾地区法院民事判决的真实性和是否生效以及当事人得到合法传唤的证明文件;人民法院认为必要时,也可以就有关事项依职权通过海峡两岸司法互助途径向台湾地区请求调查取证。”故 D 项正确。

[难度系数] * *

国际经济法

第一章　国际货物买卖

考点一　国际贸易术语

1 **[答案]**　A

[考点]　CIP 术语、预期违约、出口管制

[解析]　A 项考查《公约》关于预期违约的规定。《公约》第 71 条规定："(1)如果订立合同后，另一方当事人由于下列原因显然将不履行其大部分重要义务，一方当事人可以中止履行义务：(a)他履行义务的能力或他的信用有严重缺陷；或(b)他在准备履行合同或履行合同中的行为。(2)如果卖方在上一款所述的理由明显化以前已将货物发运，他可以阻止将货物交付给买方，即使买方持有其有权获得货物的单据。本款规定只与买方和卖方间对货物的权利有关。(3)中止履行义务的一方当事人不论是在货物发运前还是发运后，都必须立即通知另一方当事人，如经另一方当事人对履行义务提供充分保证，则他必须继续履行义务。"本案中，科德公司在其他交易中出现资金链断裂的情况构成预期违约，因此，前锋公司有权在通知科德公司后中止交付第二批货物，但如科德公司提供充分保证，则前锋公司应继续履行第二批货物的交付义务，故 A 项正确。

B 项考查《2020 年通则》CIP 术语项下卖方履行交货义务的地点。由于双方选择的是 CIP 术语，风险应在货交第一承运人时转移(货交第一承运人时完成交货)，故 B 项错误。

C 项考查中国《出口管制法》关于限制最终用户转卖管制物项的规定。本案中，双方交易的精密仪器属于中国对外出口的管制物项，中国《出口管制法》第 16 条第 1 款规定："管制物项的最终用户应当承诺，未经国家出口管制管理部门允许，不得擅自改变相关管制物项的最终用途或者向任何第三方转让。"故 C 项错误。

D 项考查《2020 年通则》CIP 术语项下卖方投保义务的规定。根据《2020 年通则》的规定，当事人如果未另行约定，则 CIP 术语之下默认卖方投保一切险，故 D 项表述错误。

[难度系数]　* *

2 **[答案]**　B

[考点]　CFR 术语、《出口管制法》

[解析]　根据《2020 年通则》的规定，CFR 术语之下，卖方履行交货义务，应将货物在装运港装上船，故 A 项的表述错误。

CFR 术语之下并未设定投保义务，由当事人自行决定是否投保，故 C 项的表述错误。

在办理清关手续方面，CFR 术语应由卖方办理出口，买方办理进口手续，故本案中应由卖方甲公司办理出口手续。我国《出口管制法》第 2 条第 1 款规定："国家对两用物项、军品、核以及其他与维护国家安全和利益、履行防扩散等国际义务相关的货物、技术、服务等物项(以下统称管制物项)的出口管制，适用本法。"《出口管制法》第 12 条第 1～3 款规定："国家对管制物项的出口实行许可

制度。出口管制清单所列管制物项或者临时管制物项，出口经营者应当向国家出口管制管理部门申请许可。出口管制清单所列管制物项以及临时管制物项之外的货物、技术和服务，出口经营者知道或者应当知道，或者得到国家出口管制管理部门通知，相关货物、技术和服务可能存在以下风险的，应当向国家出口管制管理部门申请许可：(一)危害国家安全和利益；(二)被用于设计、开发、生产或者使用大规模杀伤性武器及其运载工具；(三)被用于恐怖主义目的。”故甲公司办理出口手续前应取得出口许可，B 项的表述正确。

《出口管制法》第 16 条规定：“管制物项的最终用户应当承诺，未经国家出口管制管理部门允许，不得擅自改变相关管制物项的最终用途或者向任何第三方转让。出口经营者、进口商发现最终用户或者最终用途有可能改变的，应当按照规定立即报告国家出口管制管理部门。”故乙公司作为最终用户不得擅自将货物向第三方转卖，D 项的表述错误。

[难度系数] * *

3 [答案] A

[考点] DPU 术语

[解析] A 项和 B 项考查国际货物买卖中的质量担保义务。根据《公约》的规定，卖方对货物负有质量担保义务，即卖方交付的货物必须与合同约定的数量、质量、规格相符，并须按照合同规定的方式装箱或包装。若合同没有对货物质量、规格作出明确规定，则货物应能够用于通常使用目的。这种情况是指买方定货时，是依据一般规格定货，而没有向卖方指出货物的任何用途。双方可约定货物用于特定目的。如果买方对该特定用途所需要的货物的规格不是很了解，他可将购买该货物的特定用途告知卖方。当订立合同是以样品或样式为基础时，卖方应保证货物符合样品或样式的质量。本题中，双方约定了设备规格，且并非以样品为基础，设备到货后与样品相符，但与合同不符，B 公司应承担违约责任，B 项说法错误，A 项说法正确。

C 项和 D 项考查 DPU 术语。DPU 指目的地卸货后交货，是《2020 年通则》中唯一要求卖方在目的地卸货的术语。当货物已从抵达的运输工具上卸货，已交由买方处置时风险转移，因此 C 项和 D 项说法错误。

[难度系数] * *

考点二 国际货物销售合同公约

1 [答案] D

[考点] 国际货物买卖

[解析] A 项和 B 项考查《公约》规定的宣告合同无效。《公约》没有使用“解除合同”的说法，而是采用“宣告合同无效”。宣告合同无效是买方或卖方可单方行使的权利，必须向另一方当事人发出通知才生效。

《公约》第 51 条规定了买方宣告合同无效的情形，如果卖方只交付一部分货物，或者交付的货物中只有一部分符合合同规定，则相关救济措施适用于缺漏部分及不符合合同规定部分的货物。买方只有在卖方完全不交付货物或不按照合同规定交付货物以至于根本违反合同时，才可以宣告整个合同无效。因此，在第一批货物已正常交付的情况下，若后两批货物无法交付，瑞尼尔公司不能就整个合同宣告合同无效。A 项说法错误。

《公约》第 64 条规定了卖方宣告合同无效的情形，“宣告合同无效”仅限于买方根本违约或买方在宽限期内仍未履行合同义务或声明将不在宽限期内履行合同义务的情形。后两批货物无法交付，绿地公司没有权利解除合同。B 项说法错误。

C 项考查 CIF 的风险转移与责任承担。在 CIF 术语中，卖方必须承担货物丢失或损坏的一切风险，直至货物在装运港装运上船为止。对于装船后转移至买方的运输风险，如果双方未在合同中规定应投保的险别，则由卖方按惯例投保最低的险别。投保后，对在运输途中发生台风造成的货物损失，保险人应承担赔偿责任。本题中，损失发生在装船前，此时，运输保险责任尚未开始，因此保险人不承担后两批粮食不能交付的赔偿责任。C 项说法错误。

D 项考查免责的通知义务。《公约》第 79 条并未使用“不可抗力”这一词汇，使用的是“障碍”。《公约》第 79 条第 4 款规定，不履行义务的一方必须将障碍及其对他履行义务能力的影响通知另一方。如果该项通知在不履行义务的一方已知道或理应知道此一障碍后一段合理时间内仍未为另一方收到，则他对由于另一方未收到通知而造成的损害应负赔偿责任。D 项说法正确。

[难度系数] * *

2 **[答案]** A

[考点] 《公约》关于卖方的知识产权担保义务的规定、风险转移、《国际铁路货物联运协定》关于承运人责任的规定

[解析] 根据《公约》知识产权担保义务的规定，第三方只有依据以下法律提出有关知识产权的权利或要求，卖方才承担责任：(1)依据货物的预期转售地或使用地的法律；(2)在未约定预期转售地或使用地的情况下，依买方营业地所在国法律。本题中，买方擅自将货物转卖至卖方无法合理预见到的乙国，故卖方不承担责任，A 项正确。

根据《公约》的规定，若卖方无义务在某一特定地点交付货物，自货物按销售合同交付给第一承运人以转交给买方时起，风险转移给买方。若卖方有义务在某一特定地点把货物交付给承运人，在货物于该地点交付给承运人时起风险转移，故 B 项错误。

《国际铁路货物联运协定》规定的承运人责任期间是从承运货物时起，到交付货物时止，故 C 项错误。

《国际铁路货物联运协定》还规定按运单承运货物的铁路部门应对货物损失负连带责任，故 D 项错误。

[难度系数] * *

3 **[答案]** B

[考点] 《公约》的适用范围及预期违约情况下的中止履行

[解析] 根据《公约》的规定，以下问题为公约未涉及的问题：(1)有关销售合同的效力或任何惯例的效力；(2)合同对所售货物所有权可能产生的影响；(3)卖方对货物所引起的人身伤亡责任。例如，《公约》第 5 条规定：“本公约不适用于卖方对于货物对任何人所造成的死亡或伤害的责任。”故 A 项错误。根据《公约》第 71 条的规定，甲公司的履约能力出现严重问题，符合中止履行的前提条件，故乙公司在通知甲公司之后可以中止履行，故 B 项正确，C 项错误。如果甲公司提供了充分的担保，则中止履行的一方必须继续履行，否则即构成违约，故 D 项错误。

[难度系数] * *

第二章　国际货物运输与保险

考点一　提单

［答案］ CD

［考点］ 提单

［解析］ A 项和 C 项考查预借提单和倒签提单的区别

预借提单，是指由于信用证规定的装运期和交单结汇期已到，货主因故未能及时备妥货物或尚未装船完毕的，或由于船公司的原因船舶未能在装运期内到港装船，应托运人要求而由承运人或其代理人提前签发的已装船提单。

倒签提单，是指提单的签发日期早于货物的实际装船日期的提单。由于货物的实际装船日期晚于信用证或贸易合同所要求的最后装船日期，托运人往往会要求承运人签发倒签提单以满足结汇的需要，同时托运人往往会向承运人出具保函声明将对承运人因签发倒签提单而遭受的一切损失负责。

预借提单和倒签提单的共同之处在于提单上载明的签发日期与货物实际装船日期不符，提单签发日期是为了满足卖方顺利结汇需要而虚构的，并且早于实际装船日期；二者不同之处在于，预借提单是在货物装船前签发的，倒签提单则是在货物实际装船完毕时签发的。本案提单属于倒签提单。本题中提单是已装船后签发，不属于预借提单，A 项说法错误，C 项说法正确。

B 项和 D 项考查信用证止付。信用证止付的核心是存在欺诈，最高人民法院《关于审理信用证纠纷案件若干问题的规定》第 8 条规定："凡有下列情形之一的，应当认定存在信用证欺诈：(一)受益人伪造单据或者提交记载内容虚假的单据；(二)受益人恶意不交付货物或者交付的货物无价值；(三)受益人和开证申请人或者其他第三方串通提交假单据，而没有真实的基础交易；(四)其他进行信用证欺诈的情形。"倒签提单属于信用证欺诈中伪造单据的情形，买方有权主张信用证欺诈，向中国有管辖权的法院申请止付令，D 项说法正确。

上述司法解释第 10 条规定："人民法院认定存在信用证欺诈的，应当裁定中止支付或者判决终止支付信用证项下款项，但有下列情形之一的除外：(一)开证行的指定人、授权人已按照开证行的指令善意地进行了付款；(二)开证行或者其指定人、授权人已对信用证项下票据善意地作出了承兑；(三)保兑行善意地履行了付款义务；(四)议付行善意地进行了议付。"因此，在议付行已善意付款的情况下，法院不能通过司法干预止付。B 项说法错误。

［难度系数］ * *

考点二　其他运输方式

［答案］ CD

［考点］ 国际铁路货物联运、DAP 术语

［解析］ A 项和 D 项考查国际铁路货物联运中承运人的连带责任。国际货协运单承运货物的承运人，应负责完成货物的全程运送，直到在到站交付货物时为止。每一继续运送的承运人，自接收附有运单的货物时起，即加入这项运送合同，并承担因此而产生的义务。因此，乙公司可以向

各个区段的承运人索赔，各铁路区段的承运人应承担连带责任，A 项说法错误，D 项正确。

B 项考查铁路运单。铁路运单与航空运单一样不具有物权凭证的作用，不能流通，这一点与海运提单有根本区别。但在收费依据、交货依据这类属性上，海运、航空、货运的单证性质类似。B 项认为铁路运单是物权凭证且可转让，是错误的。

C 项考查 DAP 术语。DAP(Delivered at Place)即目的地交货，是指卖方已经用运输工具把货物运送到买方指定的目的地后，将装在运输工具上的货物(不用卸载)交由买方处置，即完成交货。因此，甲公司在指定目的地运输终端将仍处于运输工具上的货物交由乙公司处置时即完成交货，C 项说法正确。

[难度系数] * *

考点三 国际货物运输与保险综合

1 **[答案]** AB

[考点] CIF 术语、《海牙规则》关于承运人免责的规定

[解析] A 项考查《2020 年通则》CIF 术语项下卖方投保的义务。根据《2020 年通则》的规定，CIF 术语项下卖方有义务为该批货物投保平安险，故 A 项正确。

B 项考查平安险之下保险人的承保范围。碰撞所导致的货损属于意外事故，属于平安险之下保险人的承保范围，乙公司就该损失可以向保险公司索赔，故 B 项正确。

C 项和 D 项考查《海牙规则》关于承运人对航行过失引起的货损免责的规定。根据《海牙规则》的规定，承运人对航行过失造成的损失免责，故 C 项错误。由于乙公司作为买方可以就碰撞产生的货损向保险公司索赔，故 D 项错误。

[难度系数] * *

2 **[答案]** C

[考点] CIF 术语、国际货物运输(《海牙规则》)、一切险

[解析] 《2020 年通则》中的 CIF 术语默认的是平安险，当事人约定甲公司应为该批货物投保水渍险，这一约定有效，故 A 项的表述错误。根据《海牙规则》的规定，承运人对于自然灾害造成的损失可以免责，故 B 项的表述错误。本题中投保的是水渍险，保险人对自然灾害造成的部分损失也应赔偿，故 C 项的表述正确。CIF 术语之下，货物的风险在装运港完成装船时转移，本题中承运人签发了清洁提单，说明卖方在装运港所交货物的表面状况良好，故卖方无须承担货物在装上船之后运输途中遭遇的风险，D 项的表述错误。

[难度系数] * *

3 **[答案]** C

[考点] 国际海上运输及保险

[解析] A 项考查提单的转让。指示提单，是指提单上收货人一栏内载明“凭指示”或“凭某人指示”字样的提单。指示提单采用背书转让方式，而非交付转让，A 项说法错误。

B 项考查承运人赔偿责任。依据《海牙规则》第 4 条第 2 款的规定，承运人对船长、船员、引水员或者承运人的其他受雇人在驾驶船舶或者管理船舶中的行为、疏忽或不履行职责不负责任。这一规定又被称为“航行过失免责”，体现了对货运业的政策倾斜和保护。因船方过失导致船舶碰撞时，承运人可主张航行过失免责，不对仪器受损承担赔偿责任，B 项错误。

C 项考查海上货物运输保险承保范围。国际海上货物运输保险一般有平安险、水渍险和一切险,承保范围依次加大。其中平安险的英文意思是“单独海损不赔”,其责任范围主要包括自然灾害造成的全部损失,意外事故造成的全部损失和部分损失、共同海损等。本题中,部分仪器受损属于意外事故造成的部分损失,属于平安险承保范围,故保险人应向货主赔偿部分仪器受损的损失,C 项正确。

D 项考查海上货物运输承运人的责任期间。依据《海牙规则》,承运人的责任期间,是指从货物装上船时起至卸下船时止的全部期间,而不是从其接收货物时起至交付货物时止的期间,D 项错误。

[**难度系数**] * *

第三章　国际贸易支付

考点一　信用证

[**答案**] CD

[**考点**] 备用信用证

[**解析**] A 项考查备用信用证的支付条件。备用信用证又称光票信用证,系开立备用信用证的银行向受益人担保,如申请人不履行债务,则由开证行给予补偿。备用信用证既具有信用证的一般特点,又具有担保的性质。备用信用证是在受益人提供单据证明债务人未履行基础交易的义务时,才支付信用证项下的款项。备用信用证仅审查单据,不审查违约事实,因此 A 项错误。

B 项考查与备用信用证有关的商业惯例。《ICC 跟单信用证统一惯例》(以下简称 UCP600)适用于一切在其文本中明确表明受 UCP600 约束的跟单信用证,包括备用信用证。但是,备用信用证还适用《国际备用信用证惯例》等商业惯例,备用信用证与商业跟单信用证适用相同的国际惯例的说法不准确,B 项错误。

C、D 项考查备用信用证的独立性。备用信用证具有信用证的法律特征,它独立于作为其开立基础的所担保的交易合同,开证行处理的是与信用证有关的文件,而与交易合同无关。即使受益人与备用信用证申请人之间的基础合同无效,只要受益人满足了信用证约定的条件,开证行的付款义务就不能免除。备用信用证是独立于国际贷款协议的,即使该国际贷款协议无效,甲银行仍须承担保证责任,C、D 项说法正确。

[**难度系数**] * *

考点二　国际贸易综合

1 [**答案**] ABC

[**考点**] FCA 术语、CIF 术语、委付、平安险、信用证

[**解析**] A 项考查中国《海商法》关于委付的规定。中国《海商法》第 249 条规定:“保险标的发生推定全损,被保险人要求保险人按照全部损失赔偿的,应当向保险人委付保险标的。保险人可以接受委付,也可以不接受委付,但是应当在合理的时间内将接受委付或者不接受委付的决定通知被保险人。委付不得附带任何条件。委付一经保险人接受,不得撤回。”因此,A 项的表述正确。

B 项考查《2020 年通则》FCA 术语项下卖方义务的规定。根据《2020 年通则》的规定，FCA 术语项下卖方无投保的义务，故 B 项正确。

C 项考查信用证项下银行审单时对不符点进行认定的标准。根据最高人民法院《关于审理信用证纠纷案件若干问题的规定》第 6 条的规定，信用证项下单据与信用证条款之间、单据与单据之间在表面上不完全一致，但并不导致相互之间产生歧义的，不应认定为不符点，故 C 项正确。

D 项考查《2020 年通则》CIF 术语项下货物风险的转移。根据《2020 年通则》的规定，CIF 术语项下货物的风险在装运港完成装船时发生转移，因此，即使货物在运输途中遭遇风险导致推定全损，买受人也仍有义务支付货款，故 D 项错误。

[难度系数] * * *

2 **[答案]** A

[考点] 指示提单、信用证的独立性原则、保兑行的责任

[解析] 根据最高人民法院《关于审理信用证纠纷案件若干问题的规定》第 7 条的规定，开证行有独立审查单据的权利和义务，开证行发现信用证项下存在不符点后，可以自行决定是否联系开证申请人接受不符点。开证申请人决定是否接受不符点，并不影响开证行最终决定是否接受不符点。开证行和开证申请人另有约定的除外。因此，A 项的表述正确。

指示提单是指在提单正面"收货人"一栏内填上"凭指示"或"凭某人指示"字样的提单。我国《海商法》第 79 条规定："提单的转让，依照下列规定执行：(一)记名提单：不得转让；(二)指示提单：经过记名背书或者空白背书转让；(三)不记名提单：无需背书，即可转让。"因此，本案中的提单之转让须经背书，B 项的表述错误。

根据 UCP600 的相关规定，保兑行自为信用证加具保兑之时起，就不可撤销地受到承付或者议付责任的约束。因此，即便开证行破产倒闭，保兑行也不能以此为由拒付，故 C 项错误。

根据 UCP600 关于信用证独立性原则的规定，开证行只对单据做表面审查，而无义务作实质审查。中国乙公司如果有证据证明卖方的行为构成信用证欺诈，则可以依法向法院申请发布止付令，而无权直接要求开证行拒付，D 项的表述错误。

[难度系数] * *

3 **[答案]** C

[考点] 国际贸易术语、信用证、《出口管制法》

[解析] A 项考查 CIF 术语中的卖方投保义务。CIF 术语指成本、保险费加运费。在 CIF 条件下，卖方必须办理买方货物在运输途中灭失或损坏风险的海运保险并支付保险费。CIF 术语只要求卖方投保最低限度的保险险别。如买方需要更高的保险险别，则需要与卖方明确地达成协议或者自行作出额外的保险安排。A 项说法错误。

B 项考查信用证欺诈。信用证"软条款"是信用证欺诈的常见形式之一。所谓"软条款"，即信用证中载有暂不生效条款、限制性付款条款以及其他各类限制等。信用证中注明"暂不生效，待进口许可证签发后生效"属于较为典型的暂不生效条款。这种"软条款"信用证可使开证申请人控制整笔交易，而使受益人处于受制于他人的被动地位。因此，题目中的信用证不能为云海公司结汇提供保证，B 项说法错误。

C 项和 D 项考查出口管制。我国《出口管制法》第 16 条规定："管制物项的最终用户应当承诺，未经国家出口管制管理部门允许，不得擅自改变相关管制物项的最终用途或者向任何第三方转让。出口经营者、进口商发现最终用户或者最终用途有可能改变的，应当按照规定立即报告国家出口管

制管理部门。”因此,若该设备属于出口管制清单所列管制物项,未经许可不得改变最终用途或转让,C 项说法正确。

我国《出口管制法》第 12 条规定:“国家对管制物项的出口实行许可制度。出口管制清单所列管制物项或者临时管制物项,出口经营者应当向国家出口管制管理部门申请许可。出口管制清单所列管制物项以及临时管制物项之外的货物、技术和服务,出口经营者知道或者应当知道,或者得到国家出口管制管理部门通知,相关货物、技术和服务可能存在以下风险的,应当向国家出口管制管理部门申请许可:(一)危害国家安全和利益;(二)被用于设计、开发、生产或者使用大规模杀伤性武器及其运载工具;(三)被用于恐怖主义目的。出口经营者无法确定拟出口的货物、技术和服务是否属于本法规定的管制物项,向国家出口管制管理部门提出咨询的,国家出口管制管理部门应当及时答复。”中国云海公司虽未在出口管制清单中查到该设备,但该设备与两用物项相关,两用物项属于出口管制范畴,云海公司不应直接出口,D 项说法错误。

[**难度系数**] * *

第四章　对外贸易管制

考点一　反倾销

1 [**答案**] D

[**考点**] 中国《反倾销条例》关于反倾销的调查及反倾销措施的规定

[**解析**] A 项考查中国《反倾销条例》关于价格承诺的规定。根据《反倾销条例》第 31 条的规定,中国商务部可以向出口经营者提出价格承诺的建议,但不得强迫出口经营者作出价格承诺。第 32 条规定,“出口经营者不作出价格承诺或者不接受价格承诺的建议的,不妨碍对反倾销案件的调查和确定。出口经营者继续倾销进口产品的,商务部有权确定损害威胁更有可能出现”。因此,如果出口经营者未继续倾销进口产品的,仅以出口经营者拒绝接受价格承诺作为接受不利的调查后果的理由是不充分的,A 项错误。

B 项考查中国《反倾销条例》关于进行反倾销调查时对被调查产品进行累积评估的规定。《反倾销条例》第 9 条规定了实施累积评估的前提条件:“倾销进口产品来自两个以上国家(地区),并且同时满足下列条件的,可以就倾销进口产品对国内产业造成的影响进行累积评估:(一)来自每一国家(地区)的倾销进口产品的倾销幅度不小于 2%,并且其进口量不属于可忽略不计的;(二)根据倾销进口产品之间以及倾销进口产品与国内同类产品之间的竞争条件,进行累积评估是适当的。可忽略不计,是指来自一个国家(地区)的倾销进口产品的数量占同类产品总进口量的比例低于 3%;但是,低于 3% 的若干国家(地区)的总进口量超过同类产品总进口量 7% 的除外。”前述规定的条件应同时满足才可以实施累积评估,因此 B 项仅以被调查产品在中国产业市场的占有率超过 2% 作为实施累积评估的条件,其表述错误。

C 项和 D 项考查中国《反倾销条例》追溯征收反倾销税时应遵循的规则——“多退少不补”规则。《反倾销条例》第 43 条第 3 款规定:“终裁决定确定的反倾销税,高于已付或者应付的临时反倾销税或者为担保目的而估计的金额的,差额部分不予收取;低于已付或者应付的临时反倾销税或者为担保目的而估计的金额的,差额部分应当根据具体情况予以退还或者重新计算税额。”因此,C 项错误,D 项正确。

［难度系数］ ＊＊＊

2［答案］ ABC

［考点］ 反倾销

［解析］ 《反倾销条例》第 36 条规定:“出口经营者违反其价格承诺的,商务部依照本条例的规定,可以立即决定恢复反倾销调查;根据可获得的最佳信息,可以决定采取临时反倾销措施,并可以对实施临时反倾销措施前 90 天内进口的产品追溯征收反倾销税,但违反价格承诺前进口的产品除外。”A 项说法符合规定,正确。

《反倾销条例》第 33 条第 2 款规定:“商务部不接受价格承诺的,应当向有关出口经营者说明理由。”因此,B 项说法正确。

《反倾销条例》第 53 条规定:“对依照本条例第二十五条作出的终裁决定不服的,对依照本条例第四章作出的是否征收反倾销税的决定以及追溯征收、退税、对新出口经营者征税的决定不服的,或者对依照本条例第五章作出的复审决定不服的,可以依法申请行政复议,也可以依法向人民法院提起诉讼。”因此,出口经营者对商务部价格承诺复审可以提起行政诉讼,C 项说法正确,D 项说法错误。

［难度系数］ ＊＊

3［答案］ A

［考点］ 反倾销

［解析］ A 项考查反倾销调查的启动条件。《反倾销条例》第 17 条规定:“在表示支持申请或者反对申请的国内产业中,支持者的产量占支持者和反对者的总产量的 50% 以上的,应当认定申请是由国内产业或者代表国内产业提出,可以启动反倾销调查;但是,表示支持申请的国内生产者的产量不足国内同类产品总产量的 25% 的,不得启动反倾销调查。”故如支持申请的国内生产者的产量不足国内同类产品总产量 25% 的,不得启动反倾销调查,A 项正确。

B 项考查价格承诺。根据《反倾销条例》第 32 条的规定,如甲、乙、丙三国的出口经营者不接受商务部建议的价格承诺,不会妨碍反倾销案件的调查和确定,B 项错误。

C 项考查反倾销税的期限。《反倾销条例》第 48 条规定:“反倾销税的征收期限和价格承诺的履行期限不超过 5 年;但是,经复审确定终止征收反倾销税有可能导致倾销和损害的继续或者再度发生的,反倾销税的征收期限可以适当延长。”因此,反倾销税的履行期限是 5 年,可以延长,C 项错误。

D 项考查反倾销税的执行。根据《反倾销条例》第 43 条第 3 款的规定,故终裁决定确定的反倾销税高于已付的临时反倾销税的,差额部分无须补交,D 项错误。

［难度系数］ ＊＊

考点二 反补贴

1［答案］ ACD

［考点］ 反补贴的相关规定

［解析］ 《反补贴条例》第 17 条规定:“在表示支持申请或者反对申请的国内产业中,支持者的产量占支持者和反对者的总产量的 50% 以上的,应当认定申请是由国内产业或者代表国内产业

提出,可以启动反补贴调查;但是,表示支持申请的国内生产者的产量不足国内同类产品总产量的25%的,不得启动反补贴调查。”因此,A项的表述正确。

《反补贴条例》第9条规定:“补贴进口产品来自两个以上国家(地区),并且同时满足下列条件的,可以就补贴进口产品对国内产业造成的影响进行累积评估:(一)来自每一国家(地区)的补贴进口产品的补贴金额不属于微量补贴,并且其进口量不属于可忽略不计的;(二)根据补贴进口产品之间的竞争条件以及补贴进口产品与国内同类产品之间的竞争条件,进行累积评估是适当的。”故B项的表述过于绝对,错误。

最高人民法院《关于审理反补贴行政案件应用法律若干问题的规定》第2条规定:“与反补贴行政行为具有法律上利害关系的个人或者组织为利害关系人,可以依照行政诉讼法及其他有关法律、行政法规的规定,向人民法院提起行政诉讼。前款所称利害关系人,是指向国务院主管机关提出反补贴调查书面申请的申请人,有关出口经营者和进口经营者及其他具有法律上利害关系的自然人、法人或者其他组织。”故甲、乙、丙三国的出口经营者可以依法在中国提起行政诉讼,C项正确。

最高人民法院《关于审理反补贴行政案件应用法律若干问题的规定》第6条规定:“人民法院依照行政诉讼法及其他有关反补贴的法律、行政法规,参照国务院部门规章,对被诉反补贴行政行为的事实问题和法律问题,进行合法性审查。”故D项的表述正确。

[难度系数] * *

2 [答案] ABD

[考点] 反补贴

[解析] A项考查补贴的专向性。我国《反补贴条例》第4条第1款规定:“依照本条例进行调查、采取反补贴措施的补贴,必须具有专向性。”A项说法正确。

B项考查反补贴行政案件的证据审查。最高人民法院《关于审理反补贴行政案件应用法律若干问题的规定》第8条第2款规定:“被告在反补贴行政调查程序中依照法定程序要求原告提供证据,原告无正当理由拒不提供、不如实提供或者以其他方式严重妨碍调查,而在诉讼程序中提供的证据,人民法院不予采纳。”B项说法正确。

C项和D项考查对终局裁定不服的处理。我国《反补贴条例》第52条规定:“对依照本条例第二十六条作出的终裁决定不服的,对依照本条例第四章作出的是否征收反补贴税的决定以及追溯征收的决定不服的,或者对依照本条例第五章作出的复审决定不服的,可以依法申请行政复议,也可以依法向人民法院提起诉讼。”C项说法错误,D项说法正确。

[难度系数] * *

考点三 保障措施

[答案] B

[考点] 保障措施、反倾销

[解析] A项考查反倾销、保障措施的区别。本题中,进口中国的某类化工产品2015年占中国的市场份额比2014年有较大增加,给生产同类产品的中国产业造成了严重损害,并没有涉及价格以及补贴问题,故此类行为不属于倾销或者补贴。但因其给中国产业造成了损害,我国可以采取保障措施。A项错误。

B项考查保障措施的申请。我国《保障措施条例》第3条第1款规定:“与国内产业有关的自然人、法人或者其他组织(以下统称申请人),可以依照本条例的规定,向商务部提出采取保障措施的书面申请。”B 项说法与法条一致，正确。

C 项考查保障措施构成要件的认定。保障措施的构成要件为：进口数量增加，给国内产业造成损害，二者之间有因果联系。《保障措施条例》第 7 条规定：“进口产品数量增加，是指进口产品数量的绝对增加或者与国内生产相比的相对增加。”第 8 条第 1 款规定：“在确定进口产品数量增加对国内产业造成的损害时，应当审查下列相关因素：(一) 进口产品的绝对和相对增长率与增长量；(二) 增加的进口产品在国内市场中所占的份额；(三) 进口产品对国内产业的影响，包括对国内产业在产量、销售水平、市场份额、生产率、设备利用率、利润与亏损、就业等方面的影响；(四) 造成国内产业损害的其他因素。”因此，对于进口数量增加的认定不仅指进口数量的绝对增加，还包括相对增加。本题中，虽然进口总量没有绝对增加，但占中国的市场份额有较大增加，符合保障措施构成要件，可以采取保障措施。C 项说法错误。

D 项考查保障措施的形式。《保障措施条例》第 19 条规定：“终裁决定确定进口产品数量增加，并由此对国内产业造成损害的，可以采取保障措施。实施保障措施应当符合公共利益。保障措施可以采取提高关税、数量限制等形式。”因此，在保障措施的实施形式中，没有价格承诺这一形式。价格承诺是反倾销的措施之一。D 项说法错误。

[难度系数] * *

考点四 对外贸易管制一般规定

1 **[答案]** CD

[考点] 对外贸易管制

[解析] A 项考查对外贸易主体。我国《对外贸易法》第 8 条规定：“本法所称对外贸易经营者，是指依法办理工商登记或者其他执业手续，依照本法和其他有关法律、行政法规的规定从事对外贸易经营活动的法人、其他组织或者个人。”A 项说法错误。

B 项考查对外贸易许可。2022 年 12 月 30 日，全国人大常委会修改《对外贸易法》，删去原第 9 条有关外贸经营者应办理备案登记的规定，故 B 项说法错误。

C 项考查出口许可。我国《出口管制法》第 12 条第 1 款、第 2 款规定：“国家对管制物项的出口实行许可制度。出口管制清单所列管制物项或者临时管制物项，出口经营者应当向国家出口管制管理部门申请许可。”C 项说法正确。

D 项考查出口管制。我国《出口管制法》第 16 条规定：“管制物项的最终用户应当承诺，未经国家出口管制管理部门允许，不得擅自改变相关管制物项的最终用途或者向任何第三方转让。出口经营者、进口商发现最终用户或者最终用途有可能改变的，应当按照规定立即报告国家出口管制管理部门。”D 项说法正确。

[难度系数] * *

2 **[答案]** A

[考点] 对外贸易管制

[解析] A、B 项考查投资合同的效力。最高人民法院《关于适用〈中华人民共和国外商投资法〉若干问题的解释》第 2 条规定：“对外商投资法第四条所指的外商投资准入负面清单之外的领域形成的投资合同，当事人以合同未经有关行政主管部门批准、登记为由主张合同无效或者未生效的，人民法院不予支持。前款规定的投资合同签订于外商投资法施行前，但人民法院在外商投资法施行时尚未作出生效裁判的，适用前款规定认定合同的效力。”本题中，某外商在外商投资准入负面

清单之外就设立公司与达丽公司形成投资合同,达丽公司以投资合同未经有关部门批准为由主张合同未生效的,人民法院不予支持,A 项说法正确。

如该投资合同签订于《外商投资法》施行前,如果在《外商投资法》施行时尚未作出生效裁判的,仍适用负面清单的规定,B 项说法错误。

C 项考查外商投资准入制度。我国《外商投资法》第 4 条规定:“国家对外商投资实行准入前国民待遇加负面清单管理制度。前款所称准入前国民待遇,是指在投资准入阶段给予外国投资者及其投资不低于本国投资者及其投资的待遇;所称负面清单,是指国家规定在特定领域对外商投资实施的准入特别管理措施。国家对负面清单之外的外商投资,给予国民待遇。负面清单由国务院发布或者批准发布。中华人民共和国缔结或者参加的国际条约、协定对外国投资者准入待遇有更优惠规定的,可以按照相关规定执行。”因此,国家对负面清单之外的外商投资,给予国民待遇,而不是最惠国待遇,C 项说法错误。

D 项考查《外商投资法》第 28 条的规定,“外商投资准入负面清单规定禁止投资的领域,外国投资者不得投资。外商投资准入负面清单规定限制投资的领域,外国投资者进行投资应当符合负面清单规定的条件。外商投资准入负面清单以外的领域,按照内外资一致的原则实施管理”。因此,该外商进入的负面清单以外的领域,依内外资一致的原则实施管理,如果内资需要批准的项目,外资同样需要批准。D 项说法错误。

[难度系数] * *

第五章　世界贸易组织

考点一　WTO 协定

1 [答案] ABC

[考点] 《与贸易有关的知识产权协议》

[解析] 本题考查商标的独立性原则。《保护工业产权巴黎公约》(以下简称《巴黎公约》)规定了商标的独立性原则,即“商标的申请和注册条件,在本联盟各国由其本国法律决定”。《与贸易有关的知识产权协议》纳入了《巴黎公约》的全部实体性规定,包括商标的独立性原则。D 项说法正确。

《与贸易有关的知识产权协议》中没有平等原则的概念,但规定了国民待遇原则和最惠国待遇原则,但本案并未违反此两项原则,本题为选非题,故 ABC 项入选。

[难度系数] *

2 [答案] A

[考点] 《与贸易有关的投资措施协议》

[解析] 依《与贸易有关的投资措施协议》第 2 条的规定,成员不得实施与《关税与贸易总协定》第 3 条国民待遇或第 11 条数量限制的普遍取消不一致的投资措施。为此,《与贸易有关的投资措施协议》附录中列举了五种禁止使用的投资措施,这些措施可表现为法律和法规形式,也可表现为政府的行政指令或裁决,还可表现为某种优惠政策。

(1)违反国民待遇规定的投资措施:①“当地成分要求”或“国产化要求”,即要求企业,无论是本国投资企业,还是外商投资企业,在生产过程中必须购买或使用一定数量金额或最低比例的当地产品。这种投资措施对贸易的扭曲作用主要是阻止或限制进口产品的使用。如规定购买与使用当地产品的数量或价值的比重等。②贸易平衡要求,即要求外国投资企业购买或使用进口产品的数量或价值应与该企业出口当地产品的数量或价值相当。例如,要求企业购买或使用进口产品的数量或金额不能大于其出口当地产品的数量或金额,通常体现为比例关系。

(2)违反一般禁止数量限制原则的投资措施。主要包括:①贸易平衡要求,即进口数量以出口数量为限。总体上限制企业用于当地生产或与当地生产相关的产品的进口,或者将其进口与其出口当地产品的数量或价值挂钩。②外汇平衡要求,即将企业可使用的外汇限制在与该企业外汇流入相关的水平,从而限制该企业对用于当地生产或与当地生产相关的产品的进口。③"出口限制"或"国内销售要求",即限制企业产品出口的数量,有的国家要求外资企业以低于国际市场价格将本应出口的产品在当地销售,这也是扭曲贸易的。

因此,要求汽车生产企业在生产过程中必须购买一定比例的当地产品在禁止之列,属于当地成分要求,违反了国民待遇原则,属于禁止使用的与贸易有关的投资措施,A 项说法正确。国内销售要求、贸易平衡要求与外汇平衡要求均属于禁止使用的、违反一般禁止数量限制原则的投资措施,但是本题中的情形不属于上述范畴,BCD 项说法错误。

[难度系数] * *

考点二 WTO 争端解决机制

1 [答案] BC

[考点] WTO 争端解决机制、贸易救济措施

[解析] A 项考查贸易救济措施。贸易救济措施,是指一国进口对本国国内产业造成负面影响时,进口国政府所采取的减轻乃至消除该类负面影响的措施。贸易救济措施主要包括三种形式,即反倾销、反补贴和保障措施,其中针对进口产品数量增加而采取的贸易救济措施是保障措施。针对进口产品存在倾销并对国内产业造成损害的可采取反倾销措施。A 项说法错误。

B 项考查 WTO 争端解决机制中的专家组。专家组既可以审查法律问题,又可以审查事实问题,但不能对申诉方未在申请书中提出的诉求予以审查。B 项说法正确。

C 项考查 WTO 争端解决机制的适用规则。WTO 争端解决机构审理争端时适用的程序性规则为《关于争端解决规则与程序的谅解》,其适用于 WTO 的所有协议。C 项说法正确。

D 项考查 WTO 争端解决的执行。裁决和建议经争端解决机构通过后即成为其正式建议或裁定,被裁定违反 WTO 有关协议的一方应在合理期限内履行裁定或建议。但争端解决机构无权直接撤销甲国的反倾销措施,D 项说法错误。

[难度系数] * *

2 [答案] B

[考点] WTO 争端解决机制及其他贸易救济措施

[解析] A 项考查反倾销的救济。我国《反倾销条例》第 53 条规定:"对依照本条例第二十五条作出的终裁决定不服的,对依照本条例第四章作出的是否征收反倾销税的决定以及追溯征收、退税、对新出口经营者征税的决定不服的,或者对依照本条例第五章作出的复审决定不服的,可以依法申请行政复议,也可以依法向人民法院提起诉讼。"因此,甲国出口企业可以在乙国提起行政诉讼,A 项说法正确。

B 项考查外交保护。外交保护,是指一国国民在外国受到不法侵害且依该外国法律程序得不到救济时,其国籍国可以通过外交方式保护国民或国家的权益。国家行使外交保护权一般应符合三个条件:(1)一国国民权利受到侵害是由于所在国的国家不法行为所致。也就是说,该侵害行为可以引起国家责任。(2)受害人自受害行为发生起到外交保护结束止,必须持续拥有保护国国籍。(3)在提出外交保护之前,受害人必须用尽当地法律规定的一切可以利用的救济办法,包括行政和司法救济手段。甲国政府向乙国政府提起外交保护的前提之一是甲国企业已“用尽当地救济”,B 项说法错误。

C 项考查 WTO 的争端解决机制救济方式。反倾销争议属于 WTO 争端解决机制的受理案件范围。如果争端双方磋商未达成一致,则可提出建立专家组的要求。WTO 争端解决机制主要适用于 WTO 成员,甲、乙两国均为 WTO 成员,甲国政府可以在 WTO 起诉乙国政府违反其承担的 WTO 的相关义务,C 项说法正确。

D 项考查 WTO 争端解决机制下裁决的执行。《关于争端解决规则与程序的谅解》规定,争端当事方应在专家组或上诉机构报告被采纳之日起 30 天内举行的争端解决机构会议上,向争端解决机构通知其执行意向。如果立即遵守建议或裁决不可行,则有关成员可以被允许在一个“合理期限”内达到执行目的。因此,如果乙国政府在 WTO 被裁决败诉,争端解决机构裁决报告中会要求败诉方撤销或修改其与 WTO 有关协议不符合的贸易措施,乙国应自动修改其本国的法律或相应的反倾销措施,D 项说法正确。

本题为选非题,B 项当选。

[难度系数] * *

3 **[答案]** CD

[考点] WTO 争端解决机制

[解析] A 项考查 WTO 争端解决中的争端主体。WTO 争端解决机制主要适用于 WTO 成员,非成员也可以成为案件的第三方当事人。WTO 成员,是指国家或者单独关税区,不包括地方政府、法人、自然人等。丙国生产丝束的企业不是 WTO 争端解决机制的适格主体,不能起诉甲国,A 项错误。

B 项考查 WTO 争端解决中的磋商程序。WTO 争端解决机制鼓励成员通过双边磋商解决贸易争端,磋商是 WTO 争端解决机制的首要强制性阶段。但成员在收到磋商请求后 10 日内未作答复,或者未在 30 日内或商定的时间内进行磋商,或在收到磋商请求之日起 60 日内磋商未果,则请求磋商的成员可以直接请求成立专家组。因此,磋商对于“充分性”并没有要求。甲、丙两国在成立专家组之前无须经过“充分性”的磋商,B 项错误。

C 项考查 WTO 的争端解决报告通过程序。WTO 争端解决机制在程序上引入了“反向磋商一致的原则”,即对争端解决报告,如果不是所有的参加方都反对,则视为通过。通过这一原则的引入排除了败诉方阻挠专家组和上诉机构通过报告的可能,C 项正确。

D 项考查 WTO 争端解决的执行。如果争端解决机构的建议或裁定没有在合理的时间内得到实施,申请方可以申请授权采取补偿和中止减让或其他义务的措施,但必须遵守各项原则和严格的程序。申诉方应首先中止相同部门的减让或其他义务,如无效果,可以要求中止同一协定内其他部门的减让和义务。如果该行动仍不能使当事方执行裁决,申诉方可以中止另一有关协议下的减让或其他义务。这就是所谓的“交叉报复”。因此,如甲国败诉且拒不执行裁决,丙国可向争端解决机构申请授权对甲国采取报复措施,D 项正确。

[难度系数] * *

第六章　国际经济法领域的其他法律制度

考点一　知识产权的国际保护

1 [答案]　B

[考点]　《伯尔尼公约》

[解析]　A项和B项考查《伯尔尼公约》中的国民待遇原则。《伯尔尼公约》第3条第4款规定,在首次发表后30天内在两个或两个以上国家出版的任何作品视为同时在几国发表。迈克在甲国出版《希望之路》后25天内在乙国出版,视为在甲国、乙国同时发表,因乙国为缔约国,故作品具有缔约国的作品国籍,B项正确。

《伯尔尼公约》第3条规定,非该公约成员国的国民,其作品首次在公约某一成员国出版,或同时在某一成员国及其他非成员国首次出版,则应在一切成员国中享有国民待遇。这意味着对于一个具体作品,如果作品作者的国籍或者出版国是成员国,则应当适用公约的保护。本题中,作者迈克是甲国人,非缔约国国民,作品《希望之路》首先在非缔约国甲国出版,在25天后在缔约国乙国出版,视为同时在缔约国及非缔约国出版,该作品在缔约国应享受国民待遇,A项错误。

C项和D项考查《伯尔尼公约》中的自动保护原则。《伯尔尼公约》第5条第2款规定,享受和行使这类权利无须履行任何手续,也无论作品起源国是否存在有关保护的规定。因此,乙国为该作品提供的保护无须迈克履行相应的手续,乙国对该作品的保护也不依赖于其在甲国是否受保护,C项和D项错误。

[难度系数]　* *

2 [答案]　A

[考点]　国际技术许可

[解析]　许可证协议,是指提供方将其技术使用权在一定条件下让渡给受让方,而由受让方支付使用费的合同。许可证协议有独占许可、排他许可、普通许可、交叉许可、分许可等类型,对比见下表:

许可证协议类型	许可方	被许可方	第三方	备注
独占许可证协议	不可自用	拥有独占的使用权	无	—
排他许可证协议	可自用	拥有使用权	无	—
普通许可证协议	可自用	可使用	可经许可人转让而使用	—
交叉许可证协议	—	—	—	将其各自的技术使用权相互交换,供对方使用
分许可证协议	可使用	可使用	可经被许可人转让而使用	—

本题考查地区性独占许可,甲公司在亚太区独占使用乙公司的该项新技术,因此,在约定期间内,乙公司在亚太区不能再使用该项新技术,A项说法正确。乙公司在除亚太地区外的其余全球地

区均可使用该项新技术,B 项说法错误。因德国非亚太地区国家,而独占许可的地区仅限于亚太地区,因此,乙公司可以再将该项新技术允许另一家公司在德国使用或者自身在德国使用该项新技术,C、D 项说法错误。

[难度系数] * *

考点二 国际投资法

1 [答案] D

[考点] 《关于解决国家与他国国民之间投资争端公约》、独立保函

[解析] A 项考查《关于解决国家与他国国民之间投资争端公约》关于用尽当地救济的规定。根据公约,东道国有权要求将用尽当地救济作为提交 ICSID 仲裁的前提条件,但也可以不作此要求,故 A 项错误。

B 项考查独立保函的独立性原则。根据最高人民法院《关于审理独立保函纠纷案件若干问题的规定》第 6 条的规定,除存在独立保函欺诈情形外,开立人以基础交易关系或独立保函申请关系对付款义务提出抗辩的,人民法院不予支持,故 B 项错误。

C 项和 D 项考查 ICSID 仲裁行使仲裁管辖权的前提条件及裁决拘束力的规定。根据《关于解决国家与他国国民之间投资争端公约》,投资者与东道国政府在争端发生前或者发生后,均可达成将争端提交 ICSID 仲裁的书面协议,ICSID 作出的仲裁是终局的,对双方均有拘束力,故 C 项错误,D 项正确。

[难度系数] * *

2 [答案] ACD

[考点] 《关于解决国家和他国国民之间投资争端公约》的相关规定

[解析] 《关于解决国家和他国国民之间投资争端公约》第 27 条规定:"缔约国对于其国民和另一缔约国根据本公约已同意交付或已交付仲裁的争端,不得给予外交保护或提出国际要求,除非该另一缔约国未能遵守和履行对此项争端所作出的裁决。在第一款中,外交保护不应包括纯粹为了促进争端的解决而进行的非正式的外交上的交往。"因此,投资者的国籍国在投资争端发生后并不能直接行使外交保护权,在投资者将争议提交仲裁后,如果东道国拒绝遵守或履行仲裁庭作出的仲裁裁决,投资者的国籍国才能行使外交保护权,故 A 项的表述正确。第 42 条规定:"一、法庭应依照双方可能同意的法律规则判定一项争端。如无此种协议,法庭应适用争端一方的缔约国的法律(包括其关于冲突法的规则)以及可能适用的国际法规则。二、法庭不得借口法律无明文规定或含义不清而暂不作出裁决。三、第一款和第二款的规定不得损害法庭在双方同意时对争端作出公平和善意的决定的权力。"因此,ICSID 不得以缺乏相关立法或立法不明确为由暂缓作出裁决,B 项的表述错误。第 48 条第 3 款规定:"裁决应处理提交法庭的每一个问题,并说明所根据的理由。"故 C 项的表述正确。第 26 条规定:"除非另有规定,双方同意根据本公约交付仲裁,应视为同意排除任何其他补救办法而交付上述仲裁。缔约国可以要求用适当的各种行政或司法补救办法,作为其同意根据本公约交付仲裁的一个条件。"作为投资东道国的缔约国如果事先并未要求发生投资争端后须用尽当地救济,则投资者可以在争端发生后直接依据仲裁协议提请 ICSID 要求仲裁解决,故 D 项的表述正确。

[难度系数] * *

3 [答案] D

[考点] 《多边投资担保机构公约》

[解析] A 项考查《多边投资担保机构公约》关于货币汇兑险的界定。根据《多边投资担保机构公约》的规定,货币汇兑险主要针对东道国政府拒绝或拖延汇兑的情况。货币贬值属于商业风险,不属于货币汇兑险的范畴,故 A 项错误。

B 项考查《多边投资担保机构公约》关于战争和内乱险的界定。根据《多边投资担保机构公约》的规定,战争和内乱险针对东道国境内发生军事行动或内乱导致投资项目遭遇损失的情况。此外,主要发生于东道国境外的军事行为或内乱如果损害位于该东道国境内的投资项目的有形资产或妨害该投资项目的业务,也属于该险的范畴。很显然战争内乱不包括工人罢工,故 B 项错误。

C 项考查《多边投资担保机构公约》关于征收和类似的措施险的界定。根据《多边投资担保机构公约》的规定,征收和类似的措施险针对东道国采取的有关措施或懈怠行为实际上剥夺了被保险人对其投资的所有权或控制权或收益权的情况,但政府为管理其境内的经济活动而通常采取的普遍适用的非歧视性措施不在此列。乙国征税的行为恰恰属于普遍适用的非歧视性措施,故 C 项错误。

D 项考查《多边投资担保机构公约》关于政府违约险的界定。根据《多边投资担保机构公约》的规定,政府违约险针对东道国政府不履行或违反与被保险人签订的合同,且被保险人无法求助于司法或仲裁部门作出裁决,或司法或仲裁部门未能在合理期限内作出裁决,或有这样的裁决而未能实施的情况。故 D 项正确。

[难度系数] * *

4 [答案] AB

[考点] 国际投资争端解决与《巴黎公约》

[解析] A 项考查《巴黎公约》的临时保护原则。《巴黎公约》规定,在同盟成员国应按其本国法律,对在本同盟任一成员国领土上举办的官方的或经官方认可的国际展览会展出的商品中可申请专利的发明、实用新型、工业品外观设计和商标,给予临时保护。因此,成员国公司的新产品参加国际展览会时,产品中可取得专利的发明应获得临时保护,A 项正确。

B 项和 C 项考查 ICSID 的管辖权。《华盛顿公约》第 25 条第 1 款规定:中心的管辖适用于缔约国(或缔约国向中心指定的该国的任何组成部分或机构)和另一缔约国国民之间直接因投资而产生并经双方书面同意提交给中心的任何法律争端。当双方表示同意后,任何一方不得单方面撤销其同意。故 ICSID 管辖权条件为:一是争端性质为直接因投资而产生的法律争端;二是争端当事人分别是公约缔约国和另一缔约国国民;三是争端双方书面同意将争端提交中心管辖。如乙国作为缔约国与另一缔约国甲国的公司签订书面协议将其争端提交给 ICSID 解决,ICSID 即对该争端有管辖权,B 项正确。提交 ICSID 解决的争端必须是直接因投资产生的法律争端,而不是任何与投资有关的争端,C 项错误。

D 项考查 ICSID 裁决的承认与执行。《华盛顿公约》第 53 条规定:裁决对双方具有约束力。不得进行任何上诉或采取除本公约规定外的任何其他补救办法。即使乙国对 ICSID 裁决不服,也不能向乙国的最高法院上诉,D 项错误。

[难度系数] * *

考点三　国际税法

1 [答案]　CD

[考点]　国际税法

[解析]　A 项考查《共同申报准则》(以下简称 CRS)的税务信息交换。CRS 旨在推动国与国之间税务信息自动交换,这与双边税收协定中的依申请交换有本质区别,根据 CRS,乙国提供税务信息无须中国申请,A 项说法错误。

B 项考查税收管辖权。甲国人王小明与家人长期居住在中国,中国对其有属地税收管辖权,B 项说法错误。

C 项和 D 项考查 CRS 交换信息的内容,CRS 覆盖的资产信息包括存款账户、托管账户、有现金的基金或者保险合同、年金合约,都要交换,C 项说法正确。

投资海外房地产、珠宝、艺术品、贵金属等不受 CRS 影响,因此,房产及艺术品和珠宝信息无须申报,D 项说法正确。

[难度系数]　* *

2 [答案]　AB

[考点]　国际税收与服务贸易

[解析]　A 项考查《服务贸易总协定》中服务贸易的方式。服务贸易是指提供以下服务:从一成员方境内向任何其他成员方境内提供的服务(跨境供应),在一成员方境内向任何其他成员方的服务消费者提供的服务(境外消费),一成员方的服务提供者通过在任何其他成员方境内的商业现场提供的服务(商业存在),一成员方的服务提供者通过在任何其他成员方境内的一成员方自然人的商业现场提供的服务(自然人存在)。甲国保险公司在乙国设立分支机构,属于商业存在的服务方式,A 项说法王确。

B 项考查居民税收管辖权。居民税收管辖权是根据属人原则确立的管辖权,它是指一国对其本国居民在境内及境外的所得进行征税的权力。马克是甲国纳税居民,甲国对马克享有居民税收管辖权,马克对甲国承担无限纳税义务,B 项说法正确。

C 项考查国际重复征税与国际重叠征税的区别,国际双重征税分为国际重复征税和国际重叠征税,两个或两个以上国家对同一跨国纳税人就同一征税对象在同一时期同时课税称为国际重复征税,两个或两个以上国家对不同的纳税人就同一课税对象在同一期间内课征相同或类似性质的税收称为国际重叠征税。二者区别在于,国际重复征税是针对同一纳税人的。两国均对马克的 35 万美元获利征税属于就同一征税对象课税,是国际重复征税而非国际重叠征税,C 项说法错误。

D 项考查来源地税收管辖权。来源地税收管辖权,是指收入来源国对非居民来源于该国的所得享有的征税权。非本国居民的外国人对来自本国的所得,包括营业所得、投资所得、个人劳务所得和财产所得承担有限纳税义务。乙国有权对马克来源于乙国的收入 35 万美元征税,D 项说法错误。

[难度系数]　* *

考点四　国际融资法

1 [答案]　AD

[考点]　国际融资贷款

[解析]　在国际融资贷款中,借款人的违约可分为实际违约和预期违约两类。

实际违约主要包括:(1)借款人到期不支付或不如数支付贷款的本金、利息或有关费用。(2)借款人违反在协议中所作的说明与保证,如其说明与保证与事实不符等。(3)借款人违反约定事项。(4)借款人没有履行借款协议为其规定的其他任何义务。

预期违约主要包括借款人的连锁违约(凡借款人不履行对其他人的债务,也视为对贷款人的违约)、丧失清偿能力、所有权或控制权变动、抵押品毁损或贬值、借款人资产被征用或国有化,以及借款人的状况发生重大不利变化等。

A 项公司因违反乙国的税法偷税漏税导致被法院扣押财产属于丧失清偿能力,D 项公司的状况发生重大不利变化,均构成预期违约,A 项和 D 项说法正确。

B 项中借款人到期不如数支付贷款的本金、利息或有关费用,已构成实际违约,而不是预期违约,B 项说法错误。

C 项属于消极担保条款,即贷款人在偿还全部贷款之前,不得在自己的资产及收益上,为其他债权人维护或设定任何担保物权。违反该条款构成实际违约,C 项说法错误。

[难度系数]　* *

2 [答案]　D

[考点]　见索即付保函、国际融资担保

[解析]　见索即付保函,是指担保人凭在保函有效期内提交的符合保函条件的要求书及符合保函规定的任何其他单据实现某一规定的或某一最大限额的付款承诺。一旦债务人违约,担保人承担第一偿付责任。

A 项考查国有独资公司在国际贸易中的地位。国有独资公司或国有企业仅是国际贸易活动中的民商事主体之一,不具有公法上的特殊性。银行是否付款与工程承包公司是否为独资国有企业无关,A 项说法错误。

BCD 项考查见索即付保函的特征。见索即付保函具有无条件性,担保人并不审查基础合同的履行情况,C 项说法错误。

担保人的付款义务的成立不以委托人在基础合同履行中违约为前提,担保人不得主张先诉抗辩权,也不能以基础合同的债务人的抗辩理由来对抗受益人,B 项说法错误。

见索即付保函一旦生效,担保人与受益人之间的权利义务关系就完全以保函中所记载的内容为准,而不再受基础合同的影响。只要受益人按照保函的要求提交了索赔文件,担保人必须付款,D 项说法正确。

[难度系数]　* *

3 [答案]　CD

[考点]　国际融资担保

[解析]　A 项考查保函的效力。最高人民法院《关于审理独立保函纠纷案件若干问题的规定》第 5 条第 1 款规定,独立保函载明适用《国际商会见索即付保函统一规则》等独立保函交易示范规则,或开立人和受益人在一审法庭辩论终结前一致援引的,人民法院应当认定交易示范规则的内容构成独立保函条款的组成部分。《国际商会见索即付保函统一规则》第 1 条规定:除非见索即付保函或反担保函对本规则的内容进行了修改或排除,本规则对见索即付保函或反担保函的所有当事人均具有约束力。因此,在我国司法解释中,如保函选择适用《国际商会见索即付保函统一规则》,则将该规则视为保函的一部分,保函内容中与该规则不符的部分,因该规则允许修改或者排

除,因此并非当然无效。A 项错误。

B 项和 C 项考查保函的独立性。最高人民法院《关于审理独立保函纠纷案件若干问题的规定》第 3 条规定,当事人以独立保函记载了对应的基础交易为由,主张该保函性质为一般保证或连带保证的,人民法院不予支持。当事人主张独立保函适用《民法典》关于一般保证或连带保证规定的,人民法院不予支持。虽保函记载了某些对应的基础交易,但该保函争议也不适用我国《民法典》有关保证的规定。B 项错误。

最高人民法院《关于审理独立保函纠纷案件若干问题的规定》第 6 条第 1 款规定:"受益人提交的单据与独立保函条款之间、单据与单据之间表面相符,受益人请求开立人依据独立保函承担付款责任的,人民法院应予支持。"故只要受益人提交的单据与独立保函条款、单据与单据之间表面相符,开立人就须独立承担付款义务。C 项正确。

D 项考查保函中的审单原则。最高人民法院《关于审理独立保函纠纷案件若干问题的规定》第 7 条第 2 款规定:"单据与独立保函条款之间、单据与单据之间表面上不完全一致,但并不导致相互之间产生歧义的,人民法院应当认定构成表面相符。"因此 D 项正确。

[难度系数] * *